其塔木之歌

——其塔木镇乡村振兴发展纪实

闫兆麟　主编

中国农业出版社
北　京

图书在版编目（CIP）数据

其塔木之歌：其塔木镇乡村振兴发展纪实 / 闫兆麟主编．—北京：中国农业出版社，2019.9
ISBN 978-7-109-26015-3

Ⅰ.①其… Ⅱ.①闫… Ⅲ.①农村-社会主义建设-长春-文集 Ⅳ.①F327.345-53

中国版本图书馆 CIP 数据核字（2019）第 223870 号

中国农业出版社出版
地址：北京市朝阳区麦子店街 18 号楼
邮编：100125
责任编辑：边　疆　　赵　刚　　责任校对：巴洪菊
版式设计：杨　婧
印刷：中农印务有限公司
版次：2019 年 9 月第 1 版
印次：2019 年 9 月北京第 1 次印刷
发行：新华书店北京发行所
开本：880mm×1230mm　1/32
印张：7.75
字数：180 千字
定价：36.00 元

简　介

一本反映农村改革开放伟大成果的书。

一本彰显东北农村乡镇翻天覆地变化的书。

一本由农民和乡镇干部撰写的最接地气的书。

其塔木镇是吉林省长春市九台区的一个农村乡镇。在纪念改革开放40周年和庆祝中华人民共和国成立70周年的活动中，其塔木镇的干部群众撰写了一批反映乡村振兴发展的文章和诗词。这些文章分为“发展成果”“人物风采”“百姓心声”“诗词集萃”四个部分，从农业机械化、农业产量、商贸发展、生活质量、小城镇建设、乡村文化、教育卫生、扶贫攻坚、养老服务等方面，用通俗鲜活的语言，由衷地赞扬了党的改革开放政策带来的巨大变化，热情歌颂了新中国成立70年来其塔木镇经济和社会发展的丰硕成果。这些文章均为乡镇干部、农民、乡村教师的作品，语言朴素、内容实在、接地气，散发泥土芳香。

序言：在田野上播种希望

乡村，是一片希望的田野。

其塔木，作为松花江畔的边台小镇，在新中国成立70年来尤其是改革开放40年来，发生了翻天覆地的变化，谱写了一曲乡村振兴发展的凯歌。

其塔木镇在纪念改革开放40周年和庆祝新中国成立70周年的活动中，干部群众撰写了一批反映其塔木镇发展成就，展现其塔木人精神风貌的文章和诗词。从其塔木镇走出去的军队退休干部闫兆麟同志，感慨于家乡的巨大变化，深入干部和群众中座谈采访两个多月，在区文联人员协助下把这些文章进行整理编辑，并自费印刷出版这本《其塔木之歌》。

闫兆麟同志在2014年曾捐资10万元为九台二中设立奖学金，2016年为其塔木中小学作文竞赛编辑出版了作品集，被家乡人民推选为“最美乡贤”和“好人标兵”。这次他自费编辑出版反映家乡发展成就的书籍，表现出了对家乡的挚爱之情和家国情怀，我们对闫兆麟同志深表敬意。

回顾其塔木镇波澜壮阔的发展历程，我们倍感振奋。新中国成立以来，党和政府大力兴建农田水利基础设施，兴修了牛头山水库、松花江灌溉工程，完善了灌溉渠网，大搞农田基本建设，农业生产不断发展。特别是在党的改革开放政策指引下，全镇农村粮食产量由1978年前后的3万吨发展到13万吨。大中型农田作业机械2 500多台，农业机械化率82%以上，农机轰鸣、牛马匿形，告别了传统农耕时代。全镇人均纯收入增长了44倍，农民生活进入小康。全镇现有各型家用小轿车1 300多辆，摩托车、电动车约12 000辆。小轿车进入农家，与日俱增；摩托车户户有，便捷高效。水泥路屯屯通，公共汽车村村到，还有出租车200余辆，交通发达，出行顺畅。全镇泥草房消失，砖房小楼遍布。在城镇小区购买商品房2 500多套，城乡结合已成为越来越多农民的居住方式。教育惠民政策惠及农村学生，中小学教育进入先进行列。医疗卫生服务不断改善，新型农村合作医疗达到全覆盖。全镇建有三座养老院，养老服务事业方兴未艾。农村文化生活红红火火，红色文化、民俗文化、旅游文化蓬勃发展，丰富多彩。

其塔木镇取得的成就，首先，应归功于党的路线、方针、政策的正确指引。没有党的领导和改革开放政策，就没有其塔木的今天。其次，得益于历届镇领导班子的科学谋划、持续努力。一直以来，其塔木镇领导班子都把“造福一方”作为根本责任，“一张蓝图绘到底”。前几届镇党委书记杨军、王晓东、巩志强同志，把握全局、善于运筹、求真务实、勇于担当，在发展经济、引进项目、城镇化建设等方面取得长足进步。特别是巩志强同志抓班子、带队伍、强党建、促发展、育典型、树样板，各项工作有声有色，使其塔木镇各项建设事业跨上了新的台阶。最后是全镇干部和广大群众共同努力的成果。其塔木这片热土是烈士用热血染成的，民风淳朴、正气高昂。这里有一支敢打硬仗、勤奋工作的党员干部队伍，带领群众改革创新、奋发进取，使我们的各项建设事业取得了丰硕的成果。

回顾发展历程，总结历史经验，是为了砥砺前行再出发。我们对其塔木镇曾经取得的成就感到自豪，但与祖国东部地区乡镇相比，还有很多差距。我们要抓住新的发展机遇，继续做好乡村振兴发展的大文章。

一是要进一步推进民营经济的发展。目前，在其塔木镇经济总量中，民营商贸经济收入 6 亿多元，农户种粮收入 2.5 亿元左右，商贸收入已占主体地位。其塔木镇与发达地区的主要差距在商贸经济上，具有广阔发展空间的也是商贸经济。今年，长春市委、市政府决定开展“万名机关干部下基层助力万户企业发展三年服务行动”。响应市委、市政府的号召，我们其塔木镇要为民营企业发展提供更加贴心的服务，创造更加良好的营商环境，全力助推民营经济大发展，使其塔木这片土地上能人辈出、企业家辈出。

二是要进一步推进农业规模化、产业化。其塔木镇现有经营 10 公顷以上的种粮大户（家庭农场）53 家，已备案合作社 68 家，耕种土地总面积达 6 000 多公顷，约占全镇耕地面积的半数。产业化、规模化发展很快，是大势所趋。我们要从本地实际出发，大力提升农村经营人员的科技文化素质、健全营销网络、提高深加工能力等，走出有地区特色的农业现代化之路。

三是进一步做大做强地区特有品牌。清康熙年间在其塔木等地设立的“五官屯”，专为清廷提供皇粮贡米。由于优越的地理条件，其塔木出产的大米“重如沙、亮如玉、汤如乳、溢浓香”，堪称米中极品。五官屯贡米栽培系统已列为国家第四批农业遗产名录，并在国家农业展览馆展示。我们要进一步做强大米品牌、绿色蔬菜品牌、土特产品品牌、加工贸易等品牌，向品牌要效益，使其塔木的产品走向全国、走向世界。

“四十载惊涛拍岸，九万里风鹏正举。”在乡村振兴发展的伟大征程中，我们其塔木人一直在努力。让我们不忘初心，牢记使命，撸起袖子加油干，其塔木的明天一定会更加美好。

其塔木镇镇长　张玉民

2019 年 7 月于其塔木

目　录

发展成果篇

【其塔木之歌】

农业机械化水平全面提升

韩凤印

其塔木镇地处松花江畔，全镇面积208平方千米，有“一山二水七分田”之称。镇域内土地肥沃、水力资源丰富，盛产玉米、水稻，是优质商品粮基地。从中华人民共和国成立到改革开放前的30年间，党和政府不断推进农业机械化建设，但由于当时底子薄和财力有限，前期每个村集体仅有一两台拖拉机，用于秋翻整地。之后发展到每个生产队有一两台手扶拖拉机，农业机械化处于起步阶段。农田耕作主要依赖牛马等畜力，人工播种，使用弯曲木犁、铁犁等简单农具。据记载当时全镇170多个生产队，约有牛、马、驴、骡共两万多头用于土地耕作，三万多名男女劳动力一年四季耕作于田间。广大农民勤劳淳朴、吃苦耐劳，从事繁重的体力劳动，辛勤耕耘着这片土地。

改革开放以来，其塔木镇各级干部和广大农民在国家惠农政策的支持下，结合地区实际，大力发展和普及农用机械。据不完全统计，截至2018年，全镇农业机械化率达到82%，告别了以畜力耕作为主的传统农耕时代，谱写了农业机械化发展的新篇章。

在改革开放40年间，其塔木镇农业机械化水平明显提高，先进农业机械和农艺技术在全镇得到全面推广应用，装备结构持续优化。据统计，目前全镇拖拉机保有量2 107台，其中大型89台、中型286台、四轮拖拉机246台、手扶拖拉机 1 486 台。水稻育秧机 526 台（套），水稻插秧机 426 台、水稻高速插秧机 35 台、水稻收割机 256 台，其中全喂入收割机 121 台、半喂入 135 台。免耕播种机 26 台，深松机 29 台，玉米收割机 265 台，其中大中型 89 台、小型单行 176 台。植保机械 124 台，其中高效植保 6 台、无人机 1 台、背负式 117 台。谷物处理机械 26 台（套），其中玉米烘干机械 8 台、大米色选机械 18 台，秸秆处理机械 15 台。从统计数据上看，全镇农业机械化建设已经进入快步发展阶段，为降低劳动强度，提高耕作效率，增加粮食产量，发展镇域经济奠定了基础。

其塔木镇农机化的发展得益于国家的惠农补助政策。全镇以红旗村 12 组宏发农机合作社为农业机械化新型主体示范点，带动 47 户农机专业合作社发展壮大，累计使用惠农资金 3 000 多万元，带动农民自筹资金 8 000 万元，受益农户 5 000 余户。

一、水田从种到收全程机械化

其塔木镇水田面积 5 080 公顷，以往是人工插秧、除草，用镰刀收割，码垛晾晒，畜力运输，人力脱粒，劳动强度大，效率低。现在是从种到收全程机械化。从育秧开始，就采用机械耕作，育秧土用粉碎机搅拌粉碎，种子采用等离子机械处理，播种采用水稻育秧机播种，用大棚滴灌技术，能够全程控制秧苗成长，确保适应水稻插秧机要求。整地采用机械化单旋耕地机、打浆机械，适应水稻插秧机作业环境。水稻机械化插秧现在全面展开，人工插秧成本每亩[①] 300 余元，机械化插秧成本 100 元，此项成本节约 2 倍。另外，

① “亩”为非法定计量单位，1 亩＝1/15 公顷。——编者注

机械化插秧，秧苗缓苗快，每亩比人工插秧苗株多。水稻机械化收获已经全面实现，省略了收割、堆码、晾晒、拉运、脱粒等多项工序，机械化收割一次性完成，直接装袋归仓。

二、旱田机械化作业不断提升

其塔木镇旱田面积 6 218 公顷，全部实现整地机械化。采用双旋强升强降旋耕机，保证旋耕、起垄、深施肥、镇压作业完成，为机械化播种奠定了基础。目前大部分采用四轮或手扶拖拉机背负单体播种机播种，一次性完成施肥、下种、镇压作业。特别是近几年，全镇正在推广玉米保护性耕作技术，推广秸秆全覆盖模式。主要方法是春季用秸秆搂草机将秸秆搂至休闲带，将秸秆多碾压一遍，防止春风刮起压制幼苗；然后用免耕播种机作业，一次完成开沟、侧方深施肥、播种、镇压。应用该项技术后，苗齐苗全、省工省费、抗旱蓄水保墒，每亩可增收 200 元左右。

玉米收割机械发展从无到有，从小到大，从大到智能方面不断提升。以前玉米收获都是人工割秆、扒皮、装车运输、上场晾晒、脱粒。改革开放后，先期推广背负式收割机，单行、双行自走收割机，然后推广背负式、自走式扒皮的玉米收割机，300 余台收获机械服务于区域内 6 000 多公顷玉米田。过去秋季作业时间两个月，现在秋季作业时间只用半个月就可完成。机械化的发展全面提升了工作效率，极大减轻了劳动强度，降低了生产成本，减少了自然灾害带来的损失，增产增收的效果明显。

三、收获处理机械化稳步发展

在秸秆处理方面，过去水稻和玉米秸秆基本采用人工处理，用于牲畜饲草及烧材取暖。改革开放以来，牲畜已经退出耕种的历史舞台，秸秆由以前的香饽饽，变成了垃圾需要处理。大量焚烧秸秆造成空气污染，已经成为各级政府重视解决的问题。其塔木镇先后建立饲草加工合作社两家，秸秆压块合作社两家，大型秸秆新能源企业正在建设中。四家农机专业合作社购进秸秆打包机 15 台，为秸秆精细化处理，避免焚烧，保护环境做出了贡献。

改革开放 40 年，其塔木镇农村告别了以畜力耕作为主的传统农耕时代，马车、牛车不见了，弯曲木犁、铁犁等耕作农具没有了，人力密集的强体力劳动场面消失了，取而代之的是从种到收的各类农业机械。目前，其塔木镇政府坚持因地制宜、适时推进、保护环境的发展原则，以科技兴农为己任，以法治管理为手段，以服务“三农”为宗旨，正在全面提升农业机械化水平，向大型化、精准化、智能化及适应各种配套农机具的方向发展。

全镇粮食产量翻了两番

蔡正环　吴文龙

其塔木镇有耕地面积 13 000 公顷，其中水田 4 500 公顷，旱田面积 6 218 公顷。1978 年前后，全镇粮食产量为 3 万吨。实施联产承包责任制以来，粮食产量持续提高。

一、土地经营方式改革使农业发展提速

改革开放以前，通过大搞农田基本建设和兴修水利，修建水库和灌溉渠网，使农业产量不断提高。但当时土地以生产队集体经营方式耕种，而且农业机械很少，田间耕作以畜力和人力为主，春季播种，夏季除草，秋季收割，冬季刨农家肥，一年四季辛勤劳作。到年底结算时，富裕的生产队一个工（10 个工分）挣一两块钱，一个壮劳力一年收入五六百元；落后的生产队一个工（10 个工分）只值几毛钱。那时候全镇粮食总产量约 3 万吨，农民人均纯收入约 300 元。

1978 年 12 月党的十一届三中全会，启动了农村改革开放的新进程。1982 年吉林省农村开始实行家庭联产承包责任制，由于土地经营体制的改革进一步调动了农民的种粮积极性，农民对土地的投入增加。镇内很多农户购置了手扶拖拉机、小四轮拖拉机等农业机械，并引进优良品种，应用科学种田技术，到 1987 年全镇粮食产量提高到 4 万吨；1997 年全镇粮食产量达到 8 万吨。

1998 年到 2017 年，其塔木镇农业生产进入高速发展

期。国家政策明确，土地承包期延长 30 年，并投入资金，实现了村村通水泥路，田间路沙石化，农田灌渠水泥化。国家给种粮农户发放农业补贴，每公顷各项补贴 2 000 到 3 000 元。购买农业机械，每台（套）补助 30%至 60%，并投资扶助建设农机库。在镇党委和政府的领导下，农业站和农机站加大了科技支持和装备支持的力度，大力推进新型农业技术和大型农业机械的使用，推广粮食品种更新换代、生物有机肥、低毒低残留农药、测土配方施肥技术的应用。截至 2017 年其塔木镇的粮食总产量再创新高，达到了 13 万吨，是改革开放前的 4.3 倍。

二、土地规模化产业化经营逐步发展

随着进城经商、打工人数的增加，部分农民将土地经营权有偿转让给种粮大户和家庭农场，土地规模化经营成为农业生产的新模式和发展方向。2010 年前后出现种粮大户，承包种植土地大多为5～6公顷。2014 年前后，随着农民外出务工的增加和农业机械化水平的提高，土地规模化经营出现新的局面。据统计，其塔木镇现有经营 10 公顷以上的种粮大户（家庭农场）53 家，已备案合作社 68 家，耕种土地总面积达 6 000 多公顷，约占总耕地面积的 46%，接近半数。

新鲜村种粮大户金胜哲，承包经营土地 120 公顷。由于该村朝鲜族农民大多外出打工或出国劳务，土地集中连片，便于规模经营和机械化作业。金胜哲承包经营后，在近十年来，开展了低水田改造，测土配方施肥，绿色有机种植，选用优质新品种，实施水稻田养蟹和水稻田养小龙虾等新技术应用，增加了产品附加值，提高了经济效益。

迟中田是家庭农场的场主，近几年来，他不仅在镇域内承包土地，还向其塔木镇附近的乡镇拓展承包土地，每年种植面积都在300公顷左右。他在水稻种植上向有机化、优质化发展，减少化肥用量，增施有机肥，实施水田养鸭、养鱼技术，解决了水田草害问题。由于不用或少用农药和化学除草剂，生产出了绿色有机的高品质大米，享有很高的赞誉度。

从其塔木镇土地规模化经营的发展趋势看，估计在一代人至多两代人时间内即可完成。但土地转包的成本较高，大中型农业机械更新换代速度快，造成资金投入大，以及种田大户经营者科学文化素质还较低等问题，都需在发展中得到解决。

三、优质粮食品牌享誉全国

其塔木粮食品质的美誉度历史悠久，早在清朝时期就是皇粮贡米的产地。清朝康熙年间（1706年）内务府在吉林乌拉地区设置的五个粮庄，分布在其塔木及附近乡村，名曰“五官屯”，负责给朝廷种植东北特色的农副产品，稻米就是其中的重要贡品之一。康熙皇帝东巡期间，吃过打牲乌拉衙门准备的米饭后，赞其米饭香糯软滑，口感甚佳，并作诗云：“山连江城清水停，稻花香边百里营。粗碗白饭仙家味，在之禾中享安宁。”2017年九台区其塔木“五官屯”贡米栽培系统，成功申报了农业部第四批中国农业重要文化遗产，获得正式批复并发牌。

其塔木镇现有“五官屯”“锦牛”“玉龙”“中田牌鸭田米”等大米品牌，这些优质大米“重如沙、亮如玉、汤如乳、益浓香”，是米中极品，远近闻名，成为人们餐桌上的美食。目前其塔木镇共有大型粮食加工企业12家，年加工5万多吨优质大米，热销全国各地。

商贸经营活动蓬勃发展

韩凤印

其塔木镇历来是九台区东部商贸重镇，东与舒兰市隔江相望，南与莽卡乡、胡家乡连接，西部北部与卢家街道、三台街道、上河湾镇相邻。距离四周的吉林市、德惠市、榆树市，均在 50 千米左右，商贸区位优势明显。改革开放以来，其塔木镇党委、政府立足区位优势，围绕构建商贸经济发展新格局，通过政策引导，促进商贸经济提速增质，商贸经济呈现出蓬勃发展的势头。

一、招商引资工作成效显著

其塔木镇党委政府依据区位优势，大力开展招商引资工作。2011 年在各级政府帮助下，洽谈和引进了五洲集团的项目，为其塔木镇商贸经济发展注入新的活力。五洲集团是集房地产开发、乡村旅游、农副特产业生产加工的多元化实业公司，在其塔木镇开发的五洲园区占地面积 33 万平方米，已累计投资 20 多亿元。完成住宅小区建设，建筑面积 14 万平方米，环境优雅，成为其塔木小城镇建设的著名园区。他们开发的五洲商贸城，占地 5 万平方米，有餐饮娱乐、服装百货、家具家电、宾馆住宿、物业服务等店铺，发展业户 70 余家，带动就业 500 余人，实现年收入 3 000 余万元。五洲商场开业以来，商品琳琅满目，购物人流熙熙攘攘。五洲广场还经常组织广场舞、秧歌会演等活动，使这里成为其塔木镇的商业和文化中心。

其塔木镇还引进了中航集团生物发电项目，引进了牛头山湿地开发项目，总投资约6亿元，正在稳步推进落实中，预计可实现年收入5 000余万元。这些项目的引进，将为其塔木镇域经济和商贸经营发展起到重要推动作用。

二、个体工商户和民营商贸企业不断发展壮大

其塔木具有地理优势，历来是商贸集散地。改革开放前，人们通常是在农闲季节，主要是冬季春节前后到镇里赶集，购买年货。每逢其塔木大集日，方圆二三十里[①]的各地老乡背扛肩挑，蜂拥而至。那时镇里只有一家供销社百货商店，没有旅店、饭店，集市交易主要是街道上摆摊。由于物资匮乏，且购买力有限，市场上交易的主要是农副产品和生活必需品。改革开放后，由于商品种类、数量极大丰富，其塔木大集得以延续了百年辉煌。参与市场交易的既有本地的农户商户，也有城里来的售货车辆。经营商品有服装鞋帽、家用电器、医药、农用日杂、食品、蔬菜、调料、烟酒等，商品应有尽有，琳琅满目。一年四季，集市上人流密集，商潮涌动。据统计，其塔木镇现有个体工商户3 215家，其中有商店87家，饭店124家，宾馆、旅店8家，市场年交易额达到3 000余万元。

改革开放后，随着国家由计划经济向社会主义市场经济的转变，其塔木镇民营商贸企业蓬勃发展。很多农户发展成为种养殖大户，经营种菜、种瓜、养鸡、养猪、养羊、养牛等。以市场为导向，发展生产，创造利润。还有些商户发展米业加工、家具制作、建筑装修材料等厂家。例如，镇区内

---

① “里”为非法定计量单位，1里＝500米。——编者注

现有米业加工贸易企业 12 家，每年加工优质大米 5 万多吨，并打造了“五官屯”“锦牛”“中田鸭田米”等优质大米品牌，远销全国各地。镇域内有养殖大户 18 家，每年出栏生猪 4 万多头，出栏肉牛和肉羊 1 000 多只，出售鸡蛋 30 余万斤[①]，出售蔬菜 30 余万斤，丰富了城乡市场供应，增加了经营者的收入。据 2017 年统计显示，全镇商贸经济收入总计达到 6 亿多元，已成为全镇经济收入的主体部分。

三、农村电子商务产业发展迅速

进入互联网时代以来，电子商务产业从城市普及到农村。其塔木镇村民不仅在网上购物消费，同时，各个商贸企业与互联网对接，开展网上销售业务。电子商务已成为其塔木镇商贸领域生机勃勃的新生业态。

互联网电子商务的发展，为本地企业和人才发展提供了新的机遇。其塔木镇北山村青年贾文亮，是回乡创业的大学生。2016 年 5 月，区政府与阿里巴巴电子商务平台开展合作，建立淘宝村级服务中心，贾文亮抓住这一商机，成为农村淘宝合伙人。为了将北山村原汁原味的土特产品运出山沟，贾文亮成立了北大山农副产品开发公司，为村民的土特产设计包装，提高产品的附加值。村民们自家产的笨鸡蛋、纯绿色有机大米、黑木耳、各种山野菜，以及草编艺术品，经过包装在互联网上销售，给乡亲们带来了相当可观的收益。

---

① “斤”为非法定计量单位，1 斤＝0.5 千克。——编者注

区域小城镇建设成就斐然

赵世群

改革开放以来，伴随着农村经济的发展，小城镇建设成为落实乡村振兴战略的重要举措和主要途径。其塔木镇作为九台区东部的中心乡镇，近些年来本着提升老城区、打造新城区的方针，在推进区域小城镇建设上取得了显著成效。目前，镇内有两处成规模的楼房小区，五洲城小区建筑面积14万平方米，嘉和小区建筑面积5万平方米，楼宇轩昂、设施配套、环境优美。在九台区东部乡镇中独树一帜，成为松花江畔一颗璀璨的明珠。

一、小城镇建设谱写垄上新篇

进入其塔木镇，首先映入眼帘的是一排排整齐的楼房，依山傍水，如诗如画。大片的商业区时时刺激你的消费欲望。各种商业店铺比比皆是，琳琅满目，争先吸引您的眼球。

其塔木镇五洲集团房地产开发项目，从2011年9月正式开工建设起，至今已经发展7个年头。项目占地面积33万平方米，已完成住宅小区1、2、3期建设；同时建有五洲商城，面积为5万平方米，这些项目累计投资20多亿元。住宅楼入住率已达90%以上，人们享用着与大中城市居民同样的居住条件，而且有着更加绿色优美的小区环境。走进其塔木的五洲小区，一座座高楼大厦，一阵阵稻花清香，一处处欢歌笑语，无不为你带来美不胜收的视觉冲击，呈现出一幅幅垄上美景。

二、小城镇建设助力商贸经济发展

五洲集团是集房地产开发、旅游业、林业、农业项目开发、土特产生产加工等多行业在内的实业公司。10 年来，五洲集团全面配合其塔木镇党委、政府推行的各项经济措施，用创新精神培育出新产业、新业态，努力搭建经济、商贸、社区功能等综合业态的发展平台。五洲商贸城有各种特色餐饮，有 3 000 平方米大型生活超市，有 10 000 多平方米的服装大卖场，有 4 000 平方米家具大卖场，有一站式检车线、二手车交易市场，综合业态比较完善。

五洲集团作为其塔木镇的龙头企业，不断拓展宜居、宜业、宜商、宜游的新产业概念，积极构建产业链、投资链、服务链于一体的生态园区，大力推动产业发展，广泛安置就业，鼓励和带动自立创业。到 2017 年已孵化商户 260 户，集餐饮、草编、特长培训、日杂五金、服装服饰、日用百货、粮油副食、家具家电等各行各业。2016 年产值 1 400 万元，2017 年产值 1 700 万元，为推进其塔木镇商贸经济发展贡献了力量。

三、小城镇建设营造高尚的精神文化生活

五洲集团在小城镇建设中，充分发挥文化引领风尚、服务社会、推动发展的作用，大力营造高尚的精神文化生活。五洲商城聚集了幼教、草编、农民画创作室、曲艺声乐培训等文化企业，既是文化产业的集聚地，也是乡土民俗文化的创作基地。

五洲文化广场场地宽阔，成为其塔木镇重要的文化活动

中心。镇政府的一些大型活动的启动仪式，通常在五洲文化广场举办。这里每年都组织广场舞大赛、秧歌会演、歌咏比赛等群众性文化活动 30 余场，不仅聚集了人气、商气，而且通过大力弘扬精神文明建设，使小城镇建设质量得到全面提升。

农民生活进入小康

宋清刚　郑宇慧

改革开放 40 年来，其塔木镇发生了翻天覆地的变化。农业经济持续快速增长，民生得到了显著改善。农民年收入大幅提高，“衣食住行用”全面改观，医疗条件和养老服务稳步发展，全镇人民生活进入小康，并向全面小康的目标阔步前进。

一、农民年收入大幅提高

1978 年改革开放以前，农民的收入主要是农业种田的收入。当时生产队集体生产，粮食产量不高，农民人均年收入不足 300 元。改革开放后，解放思想，放开搞活，农民的年收入不断提高。据统计，2017 年，全镇农民人均收入达到 13 200 元，是改革开放前的 44 倍。

当前，全镇农民的收入主要来自三个方面：一是农业种田的收入。实施联产承包责任之后，农民欢欣鼓舞，焕发了种田的活力，粮食产量大幅提升。1997 年全镇粮食产量达到 8 万吨，农民卖粮的现金收入 1.2 亿元。2017 年粮食产量达到 13 万吨，农民卖粮的现金收入 2.5 亿元。二是多种经营的收入。改革开放后，许多农户发展为种粮大户、养殖大户、蔬菜大户，还有的农户进入餐饮业、商贸业等领域，农村居民的收入呈现多元化结构。近年来其塔木镇年出栏生猪 6 万多头，销售额达 9 000 多万元。年产蔬菜 2 000 万斤，销售额达 1 000 多万元。据统计，2017 年全镇商贸经营的总收入达到 6.2 亿元。三是外出务工的收入。农民利用农闲时节外出打工，有些是全年外出打工，主要分布在东北地区，部分人员分布到南方各地。据统计，2017 年农民外出务工人员 4 000 多人，总收入达到 5 000 多万元。

二、“衣食住行用”全面改观

衣：由穿暖到讲究款式和色彩

改革开放前，由于经济发展水平较低，商品供应匮乏，人们买衣服要凭布票，且数量有限，色彩和样式单调。当时镇里只有 1 家百货商店，有少许服装出售。现在其塔木镇商场众多，服装店铺云集，时装流行款式应有尽有。随着物质的丰富和思想的解放，人们的衣着变得丰富多彩。服装已不仅仅是御寒的工具，而是人们显示风度、展示个性的方式，体现了个性化的审美意识与塑造自我形象意识的提高。如今当你走在其塔木大街上，你会看到人们都穿着样式新潮、色彩艳丽的服装。

食：由吃得饱到讲究营养和健康

改革开放前，食物单调，营养不充分，鸡蛋、猪肉、鱼一年也不能吃上几次。现在，农民在饮食质量和饮食结构方面有了很大变化。据统计，其塔木镇商店和市场年销售猪肉等肉制品 1 500 吨，销售禽蛋（鸡蛋、鸭蛋、鹅蛋）600 吨，销售奶制品 300 吨。农民餐桌上吃的是当年产的优质大米，无农药的新鲜绿色蔬菜，充足的肉、蛋、奶。过去只有过年时能吃饺子，现在想吃可以天天吃。而且农民也与城里人一样注重健康。人们已经从要“吃饱”转变到要“吃好”，更加讲究吃得有营养和健康。

住：由泥草房到砖屋房和楼房

改革开放前，人们的居住条件较差，主要是泥草房，砖瓦房很少。一家人通常挤在一个屋子里，不仅人均居住面积小，而且室内装修和居住环境也较差。改革开放以来，农村的住房情况也有了明显的改善，新建的房屋都是砖瓦结构，而且屋内有客厅、卧室和厨房，宽敞明亮。对于少量贫困户的泥草房，政府投入资金进行了改造。近几年镇政府投入资金 4 000 万元，改造泥草房 1 723 户，实现了全镇农户都住上砖瓦房的目标。

随着农业机械化和农村经济的发展，节省了农田用工，很多农民外出打工挣钱。由于收入的提高，逐渐提升了对住房品质的要求。据统计，全镇居民共购买商品房 2 400 套，共计 21 600 平方米。其中在镇内五洲城等小区购买商品房 2 000 套，在九台区、长春市等地购买商品房 400 套。在市镇购买商品房的户数约占总户数的 5%。也有购买商品房数量较多的村，成家村户籍为 746 户，购买城镇商品房 345 套，约占总户数的一半。而村社内的房屋已经出现闲置现象，每个村都有 50 至 100 处房屋闲置，闲置率约为 10%左右。

行：由徒步出行到乘坐轿车等车辆出行

俗话说得好“要想富，先修路。”在改革开放以前，其塔木镇都是沙石路和土路，有时尘土飞扬，有时泥泞不堪。改革开放以后，吉林省在 2012 年提出并实施了“村村通”工程，目前，已经把水泥路铺到了农民的家门口。

改革开放以前，到镇里赶集时，路上的行人络绎不绝，有一辆自行车是人们羡慕的对象。现在街道上汽车、摩托车、电动车、农用车众多。过去想都不敢想的小汽车，已经进入了农民家庭。据统计，全镇现有各型小轿车约 1 300 余辆，平均约 1/4 的家庭有小轿车（或农用车）。全镇摩托车、电动车约 12 000 辆，每个家庭有 1～2 辆。现在其塔木全镇的道路上，主要行驶的是小轿车和摩托车、电动车。马车、牛车已经没有了，以往数量众多的自行车也消失了。

过去，其塔木镇只有一个公共汽车站点，现在站点遍布全镇区域。全镇 17 个村，村村都通公共汽车。其塔木镇虽然是边城小镇，但出租车业发展较快，有出租车约 200 辆，往返于车站和乡村，为人们出行提供了方便。

用：由物品紧缺到市场琳琅满目

改革开放前，代表当时生活水平的"四大件"是缝纫机、自行车、手表和收音机，很多商品需要有票证才能购买。目前，"四大件"有了改变，彩电、冰箱、洗衣机、空调、电话、电脑、手机已经普及到农民家庭。其塔木镇是商贸大镇，商场店铺鳞次栉比，各类生产生活用品琳琅满目，应有尽有。镇域内建有移动和联通卫星信号接收塔 7 座，为电脑和手机的普及奠定了基础。通过网络宽带的连接，通信交流更为方便，天涯变成了咫尺，不论你思念远在何方的亲友，一个视频通话就可以看到对方的面容。

三、医疗条件和养老服务稳步发展

以前由于经济落后，农村的医疗条件相对落后，农民看病难、看不起病的问题比较突出。改革开放后，农村建立和完善了合作医疗和大病保险制度，全镇医保签约率达到 100%，实现了看病有报销，大病有救助。镇中心医院的医疗设备全面改善，使农村医疗卫生条件有了很大的提升。此外，镇政府重视养老服务工作，采取政府和民营两条腿走路的方式推动养老设施建设。目前，镇政府养老服务中心设施全面改善，投入 645 万元，新建了老人住宅大楼，养老服务设施全面更新。镇政府扶持北山村建立了农民养老院，建筑面积 1 076 平方米；黎明村建有民营万达养老院，三层楼房，建筑面积 3 000 多平方米，都已投入运营接纳老人入住。养老服务设施建设的稳步推进，呈现出其塔木镇农民养老服务工作的良好前景。

乡村文化活动丰富多彩

蔡正环　高桂苓

一个个红火热闹的文化广场，一间间翰墨飘香的农家图书室，一处处充满关东风情的旅游景点……每当你走进其塔木，触目所及，一幅文明乡村的多彩画卷从容展开，一股崇尚文明和谐的新风尚涤荡乡村，展示着这座边台古镇蜕变后的美丽容貌。

加强农村文化建设，是全面建设小康社会的内在要求，是乡村振兴的重要内容，是满足农村群众日益增长的精神文化需求的必然途径。改革开放以来，其塔木镇党委、政府逐步加大了对村镇文化设施的投入，积极组织开展健康向上的群众性、民俗性文化活动，大力加强乡村文化骨干队伍建设，使全镇的群众性文化活动蓬勃发展，丰富多彩。群众性文化活动的广泛开展，对巩固农村思想文化领域阵地，培育文明向上的社会风尚，促进社会主义新农村建设，起到了重要的推动作用。

一、村镇文化设施建设初具规模

近几年来，其塔木镇党委、政府为了改善农村文化设施不足的状况，引导群众开展健康向上的文化娱乐活动，先后投入300多万元，为17个行政村建设了文化广场、文化大院，配备了音响器材、篮球架和6～10套健身器材；每个村都建立了图书室，为丰富村民的文化生活创造了条件。目前各村社农民在业余时间，扭秧歌、跳广场舞、健身的多了，打麻将的少了，村民之间的关系更融洽了，村屯风气更好了。每当夜幕降临，各村的文化广场锣鼓喧天、乐声悠扬，农夫村妇们载歌载舞，老人们在健身器材上锻炼，孩子们奔跑嬉戏玩耍，呈现出一幅幅欢乐祥和的画面。

其塔木镇党委、政府还投资 1 000 多万元建设了成多禄文化公园，投资 120 万元建成“三下江南战役纪念馆”，投资 800 万元建成“农民收藏博物馆”，投资 300 多万元进行四棱山森林公园基础设施建设。全镇文化基础设施建设的不断改善，为各项文化活动的开展奠定了良好的基础。

二、群众性文化活动好戏连台

其塔木镇党委、政府结合形势和任务，采取多种形式，组织开展群众性文化活动，秧歌大赛、广场舞大赛、篮球赛、知识竞赛等活动红红火火，深受广大农民群众的喜爱。

一是组织文化健身类群众活动。扭秧歌是东北地区传统活动，广场舞风靡城乡，群众参与性强。其塔木政府与五洲集团协调，每年都组织 10 多次大型的秧歌汇演、广场舞大赛、农民文化艺术节等活动，由 17 个行政村、政府部门、五洲集团等派出近 20 个团队参赛。黎明村的传统“花棍秧歌”，扭出了新时代农民的新风采；刘家村秧歌队穿着整齐的满族服装，扭出浓浓的满族风情。其塔木的健身活动参与群众多，整体水平高，吸引来自上河湾镇、胡家乡、莽卡乡等兄弟乡镇的代表队也经常来参加竞赛表演活动。

二是组织体育比赛类群众活动。主要是结合全民健身日和重要节日，通常由镇总工会组织举办群众性的篮球比赛、乒乓球比赛、羽毛球比赛等活动。2018 年 8 月组织的镇直机关篮球赛，有 6 支队伍参赛，赛程一周。镇领导带头参加，群众积极参与，不仅锻炼了体魄，而且赛出了凝心聚力、奋勇拼搏、团结协作的好作风。

三是组织文化艺术类群众活动。近年来，镇政府组织了全镇书法汇展，农民画展览、摄影展等活动。通过展示书法爱好者创作的书法作品和摄影作品，农民创作的农民画、树叶画作品，丰富了群众的文化生活，同时也培育了一批创作骨干。

四是组织学习教育类群众活动。其塔木镇党委、政府为了推进各项工作的开展，多次组织党的知识竞赛、青年人才创业创新大赛、“其塔木好人”评选、世界环境日宣传活动、廉洁文化月等宣传教育活动。在 2018 年 7 月组织的“新时代、新担当、新作为”党的知识竞赛活动中，全镇 17 个村和镇机关事业单位组队参赛，采用抢答题和必答题等方式，经过预赛和决赛两个程序，选出了一、二、三等奖获奖队伍。此类活动在广大党员干部和群众中普及了党建知识，重温了党的光辉历程，激发了党员和群众的爱党爱国热情。

三、乡土民俗文化得到保护和传承

其塔木是一座具有 600 余年历史的古镇，有着深厚的文化底蕴。其塔木镇党委、政府积极采取民办公助、政策扶持等措施，使历史文化遗产和民间民俗文化得到保护和传承。

关云德是一位热心萨满民俗文物收藏的农民。2011 年 6 月在镇政府的扶持下，“关云德满族民俗博物馆”落成，馆藏文物 2 万余件。一件件长枪大戟式的农耕用具，激荡着萨满先民的烈烈雄风；一幅幅武士铠甲般的刺绣织物，流淌着关东村妇的绵绵柔情。由于在萨满文物保护上的突出贡献，关云德被推选为非物质文化遗产传承人。

关云德的满族剪纸作品享誉国内。他根据满族传说创作的100位萨满女神剪纸、玛虎面具剪纸作品被国内大学和外国友人收藏，部分作品被编入《中华翰墨艺术宝库》画册。

在五洲百货商城“高桂苓农民画创作室”，一幅幅乡土气息浓郁、饱含传统文化韵味、形象生动的农民画，吸引了众多参观者。高桂苓创作的作品《热吻》，获得了第三届中国东北文化产业博览会优秀奖；她的作品《鱼米之乡》在长春市“农民文化活动月”书画大赛活动中荣获一等奖。此外，王玉莲的树叶画，潘玉星的面塑艺术，也都在省内外有较高的知名度。

草编文化在其塔木镇有着悠久的历史，过去在物资匮乏的年代，草编鞋、笸箩、帽子都作为生活用品使用。现在生活富裕了，草编作品变成了艺术品，受到城里人的青睐。近年来，其塔木镇政府与九台区妇联共同在“新时代传习所”举办“边台巧姐”培训班，进一步提升了妇女们的手工编织水平，提升了草编技能，推动了草编产业化的发展。

乡村文化的振兴，促进了旅游文化产业的发展。其塔木镇北部的四棱山，山高林密，初春季节有大片的野生杜鹃花竞相绽放，形成独特的高山花海，是满族掐春花文化发源地。近几年春季，其塔木镇每年都举办“四棱山杜鹃花旅游节暨满族山歌节”，吸引省内外大量游客登山、赏花、踏青。每次都有近10万游客在杜鹃花海中畅游，听满族山歌对唱，欣赏满族传统舞蹈和掐春花表演。四棱山浓烈的满族风情景观，让四方游客流连忘返。

四、乡村文化骨干队伍不断壮大

其塔木镇是国家原文化部命名的“中国民间文化艺术之乡”，并有“农民画之乡”的美誉。这里民风质朴、淳厚热情，历史上出现过“吉林三杰”翘楚成多禄等众多文化名人。改革开放以来，其塔木镇党委、政府采取组织培训、交流以及表彰资助等措施，努力创造民间文化艺术人才成长发展的良好环境，使各类文化组织和文化骨干队伍不断发展壮大。

其塔木镇现有文体协会、农民画创作协会、书法协会、摄影协会、秧歌协会、广场舞协会、篮球协会等 7 个文化组织。其塔木农民画兴起于 20 世纪 60 年代，王庆阳、姜兴淼、邢国海都是当时有名的农民画作者。改革开放后，以高桂苓、关春达、杨维全、王君义、梁宇等为代表的新一代农民画创作人才涌现出来，目前农民画创作协会有会员 30 多人，创作队伍不断壮大。书法协会有会员 100 多人，摄影协会有会员 30 人，随着农村生活的改善和文化修养的提升，爱好书法和摄影的人越来越多。全镇还有广场舞队 12 支、秧歌队 20 支、篮球队 23 支、歌咏表演队 5 支，参与人员广泛，各项活动颇受群众欢迎和喜爱。

在这些文化组织和文化队伍中，涌现出关连刚、石文生、曲春庭、张金才、蔡正环、郝春娇、吴晓晶、韩景辉、马成彪、塔怀田、曾凡有等一大批文化活动牵头人和文化骨干。他们热爱公益，技艺突出，成为带动各项文化活动发展的骨干力量，为推进群众性文化活动的发展做出了重要的贡献。

中小学教育跨入先进行列

张淑敏　郭云海

其塔木镇现有初级中学 1 所、镇中心小学 1 所、村小学 7 所，在校中小学生近 3 000 人，有教师员工 330 人。改革开放以来，在党和国家教育政策指引和扶持下，在其塔木镇党委、政府和各级教育行政部门的领导下，中小学校的校容、校貌焕然一新，教学设施全部更新换代，师资队伍建设得到加强，校园文化建设昂扬向上，各项教学工作屡获奖项，中小学教育跨入长春市九台区先进行列。

一、教育惠民政策减轻了农民家庭负担

改革开放以来，国家把教育事业放到重要位置，逐步出台了一系列教育惠民政策。从 2007 年国家实行“两免一补”以来，其塔木镇中小学生开始免费使用教材，不交学费。2013 年又对除低保家庭以外贫困生进行建档立卡，给予一次性 1 000 元钱的资助，大大解决了贫困家庭上学难的问题。

从 2013 年开始，国家出台了对低保家庭的孩子和残疾孩子给予营养午餐的政策，中小学严格按照国家规定按时足额发放到位。九台二中和中心小学都建成了标准化的食堂，保障学生和教师的午餐。

从 2014 年开始，政府为小学配备了接送学生上下学的校车。目前镇中心小学和村小学，已经有 5 辆校车接送学生

上下学。学生每月按路程远近只需交纳少量车费，相当于每天往返只需 2 元多钱，既减轻了学生家庭的负担，又为路途较远的学生免去了徒步之累，深受农村学生及家长的欢迎。

在中小学生医疗保健方面，改革开放以来，学生每个学年都体检一次，由初期的收费体检过渡到免费体检；从当地防疫站只有不到 10 项的常规体检，到目前九台区防疫站的 5 大项 20 小项的免费体检。医疗保健的惠民政策逐步落实到位，为增强学生的体质健康创造了条件。

近几年，其塔木镇党委和政府还多次组织镇机关单位和社会各界捐款助学活动。每年在五洲文化广场召开中小学教学表彰和扶贫助学大会，给获得突出成绩的学生和教师发放奖学金和慰问金，给贫困学生发放助学金，形成了尊师重教、重视和支持教育发展的良好社会氛围。

二、学校校舍建设面貌一新

九台二中创办于 1952 年，建校伊始，学校寄居庙下，在艰苦的办学条件下起步。在上级教育行政部门和本地政府领导和支持下，20 世纪 50～60 年代逐步建起了平房教室、图书室、礼堂、操场等设施，学校教学条件得到改善。但由于使用时间较长，学校校舍陈旧，校园、操场都是泥地。进入冬季，取暖是自搭的火炉子，实验室、图书室进入冬天就全部关闭。改革开放以来，学校抓住机遇，在各级党委、政府和社会各界人士的关怀支持下，积极筹措资金，大规模进行学校建设。2002 年，学校新建一栋 4 200 平方米的教学楼，1 428 平方米的办公楼，学校硬件设施焕然一新。2017 年，政府部门又投资建设了一座三层的标准化食堂，校园路面全部铺装硬化，教学条件和学校环境进一步改善。

1978 年前的中心小学，只有两栋水泥瓦房，校园内道路泥泞，围墙低矮不全，操场高低不平。当时 15 所村级小学大都是土坯房，有的房子只有房盖，没有天棚。改革开放初年，各村小学修建了砖瓦房校舍。2008 年中心小学由台塑集团董事长王永庆捐献 310 万元，建起了占地 987 平方米的一栋四层教学楼。后来，由于学生数量的增加，导致校舍严重不足。2016 年由政府投资 5 000 万元，在其塔木镇政府和五洲小区附近新建了占地面积约 49 000 平方米的教学楼、幼儿园和学生食堂。校园里有标准的运动场、升旗台、领操台，围墙环绕校园四周，美化绿化了校园环境。自 2015 年以来，各村小学校舍得到进一步维修改造，校舍宽敞明亮，冬天室内有暖气，校园绿树成荫，环境优美。

三、教学设施达到国家级办学标准

改革开放以来，九台二中的教学设施不断改造升级。学校拥有现代化的校园教育网络，有校园远程教育接收系统、校园广播系统等现代信息技术系统，有多媒体教室、有装机 80 台的计算机教室，有可容纳 200 人的多功能报告厅，图书室藏书达 10 余万册。还建有标准化的运动场和篮球场，为教学质量的提高提供了良好的保障。

改革开放前，各小学校的教学设施相对差一些。图书室的图书是由教师和学生从家里拿来捐献给学校的；而实验室的教具也是教师动手自己制作的。1988 年始，小学设置了专门的图书室、实验室、卫生室。1998 年后教学设施有了很大改善，中心校的图书室由上千册增加到 4 万余册，达到学生人均 30 多册。现在中心校的实验室、图书室、卫生保健室、音乐室、美术室、电子备课室、微机室、录播室等各功能室的仪器设备配备齐全，达到了国家级标准。同时，电化教学发展迅速，实物投影仪、电子白板广泛运用，网络化教学不断完善。

四、教师素质和教学水平不断提高

九台二中学校领导班子注重加强教师队伍建设，加大对骨干教师和青年教师的培养力度。学校积极鼓励并支持教师参加各项教学科目改革，定期举办语文、数学、英语等学科的教学研讨会，提高了教学水平，促进了教育教学工作的稳步发展。同时，学校积极探索科研兴校之路，承担多项省、市、区教学科研项目。多年来，校内教师有多篇论文在市级以上评比中获奖，多位教师在市级以上的课堂教学评比中获得奖项，科研成果得到了各级科研部门的认可。经过艰苦砥砺和锻造，九台二中造就了一支师德高尚、业务精良、锐意进取、甘于奉献的教师队伍。

改革开放前，小学教师主要由中等师范毕业生、高中毕业生、初中毕业生，以及小学毕业生、退伍军人、接班人员构成，中等师范学校学历只占教师总数的15%。当时公办教师大约占30%，民办教师大约占50%，外聘的代课教师占20%。改革开放以来，师范中专毕业生陆续分配到学校，2000年后中专以上学历毕业生已经占教师总数的50%。目前小学教师本科学历的占教师总数的68%，占专任教师总数的89%，专科学历以上的教师占教师总数的99%，学历全部达标。每年全员教师参加各种培训班和网络培训，使教师素质得到大幅度提升。

五、校园文化建设昂扬向上

其塔木镇中小学重视加强校园文化建设，在文化中益智，于无声处冶情。九台二中在教学楼走廊墙上设立了橱窗、壁画，并定期更换。有中华五千年文化与自然遗产的壁画，有青少年心理健康专栏，对学生进行热爱祖国和心理健康的教育熏陶；有世界著名大学和科学巨匠的壁画，阐述教育与科学对人类社会发展所起的作用。在校园内还设置了学生风采、名人名言橱窗和文化长廊。通过营造浓厚的校园文化氛围，潜移默化地熏陶培养了学生们崇尚科学、热爱学习、报效祖国的思想情操。

同时，中小学还借助其塔木厚重的人文环境，对学生进行乡土民俗教育。组织学生参观农村民俗博物馆，瞻仰其塔木烈士纪念碑，凭吊其塔木战斗遗迹等，培养学生们热爱家乡、热爱祖国的情感。

改革开放以来，尤其在近几年，其塔木镇中小学教育工作取得了突出的成绩。九台二中的中考升学率逐年提升，目前中考升学率在95％以上，在九台区名列前茅。学校还先后获得“教育质量优秀学校”“教学模式改革先进校”“省级示范达标校”“教育科研先进校”等荣誉。镇中心小学软硬件建设和教学质量远近闻名，先后被评为九台区级小学“教育质量提升优秀学校”“长春市级教师专业发展示范校”“规范化管理先进校”。

医疗卫生工作全面发展

马大勇

改革开放以来，其塔木镇医疗卫生工作在镇党委、政府的领导下，在上级业务部门的指导下，始终把医疗卫生工作放到突出位置，作为乡村振兴建设的重要内容推进落实。近些年来，通过积极改善群众就医环境，提升医疗服务能力，逐步推进新型农村合作医疗制度，医疗服务和公共卫生体系建设得到加强，人民群众健康素质和健康水平持续提高。

一、健全了村级卫生室建设

改革开放前，为了解决农村缺医少药问题，曾建立过赤脚医生队伍。当时，全镇有赤脚医生 30 多名。赤脚医生是没有纳入国家编制的非正式医生，没有固定的薪金，以生产队记工分代酬。赤脚医生背着红十字药箱，走家串户，为农民解除常见病患，为农民的健康防病作出了重要贡献。随着经济的发展和社会的进步，赤脚医生逐步被医学院校毕业的正规医生取代。

改革开放以来，其塔木镇逐步完善了村级卫生室设施和人员配备。2016 年底，在 17 个行政村完成了一村一所标准化卫生室建设，建筑面积 80 平方米，基本医疗设施配备齐全。配备有诊断室、治疗室、药房、观察室，以及出诊箱、输液架、消毒锅、理疗设备等医疗器械，诊疗管理规章制度上墙公示，预防疾病宣传图文并茂。村卫生室的基本职责是：以预防为主，中西医并重，加强公共卫生均等化服务，加强健康教育宣传工作，能够完成一般性诊疗工作。全镇各村卫生室共有全科医生 54 名，通过他们的努力工作，基本形成了小病不出村，检查到卫生院，大病、手术转往上级医联体医院，术后康复回村镇，这样一整套医疗保障运行机制，受到农村广大群众的认可和好评。

二、镇中心卫生院设施建设和服务水平不断提升

其塔木中心卫生院，始建于 1949 年 4 月，起初称为其塔木联合诊疗所，1958 年改为其塔木公社卫生院，1971 年被批准为其塔木中心卫生院。改革开放前，镇卫生院一直是平房建筑。1997 年起，先后投资 308 万元，建成了两栋医院大楼，建筑总面积 3 800 平方米，有门诊区、住院区、预防保健区、行政区，配套设施齐全，全面改善了医疗条件和医疗环境。目前，其塔木中心医院拥有固定资产 400 余万元，具有高级职称人员 12 名，中初级职称人员 33 名，技术职工 13 名，开放床位 80 张。设置有内、外、妇、儿、中医、X 光、化验、B 超、心电、手术等 24 个诊疗科室与检查科室，成为集医疗、预防、保健于一体的多功能综合医院。近几年来，每年门诊患者都在 35 万例左右，月手术达 30 余例。卫生院除了承担全镇 17 个村 5 万多人口的医疗保健和预防保健工作外，医疗服务辐射到周边乡镇，永吉、舒兰、德惠等外县市的患者也前来就诊。

镇中心卫生院注重采取多方面措施，提高为农村群众医疗服务能力，提高服务水平。他们每月定期组织义务健康教育宣传活动，利用板报、宣传手册、集中讲课、走村入户等途径进行宣传教育，内容涉及高血压、心脏病、糖尿病、精神疾病、预防保健、中医中药、健康饮食等多方面内容。近

几年来，每年都组织进村入户医疗健康宣传活动 12 至 30 次，受到了农村广大群众的欢迎。

镇中心卫生院协调村卫生室，常年走入村屯为 65 岁以上老年人及慢性病患者免费体检，每年循环一次。内容主要是血压、身高、体重等基础信息，以及心电、B 超、化验等相关检查。每年都能发现村民没有症状的疾病，做到了防患于未然。对一些瘫痪在床无法行动的老人，卫生院的医务人员入户为他们体检，让他们真正感受到党和政府的关怀和温暖。

从 2018 年开始，镇中心卫生院还开展了家庭医生签约服务，目前已经完成 1 500 户的签约工作。签约医生团队全天 24 小时为签约家庭提供医疗咨询服务，在签约团队内进行诊疗活动免挂号费、免转诊手续。

近几年来，其塔木中心卫生院以优异的成绩跨入吉林省优秀乡镇卫生院的行列，先后被评为省级示范乡镇卫生院，被国家评为群众满意卫生院。

三、新型农村合作医疗保险做到全覆盖

新型农村合作医疗制度是政府主导、以政府资助为主要部分，个人、集体和政府多方筹资，以大病统筹为主的农民医疗互助共济制度，是为农民解决医疗困难的“民心工程”。2003 年 10 月，其塔木镇开始实行新型农村合作医疗试点工作。通过各级医疗卫生人员的宣传普及，农民群众不断深化对新型农村合作医疗制度的认识，逐步提高了参合的积极性。2005 年，全镇参合率达到 80%。

2012 年起，各级财政增加了对新型合作医疗制度的资金投入，并将逐步免去农村低保户、五保户、残疾人特困家庭等特困人员的缴费。当前，镇域内农民的参合率已经达到

95％以上，基本实现了农村人口的全覆盖。其中贫困人口住院报销比例为95％，全镇每年报销总金额达到500余万元，缓解了农民群众看病难、看病贵的问题。同时，在扶贫政策的配合下，初步解决了农民群众因病致贫、因病返贫的问题。

目前，其塔木镇医疗卫生建设有了长足的发展。但是医疗卫生设施和医疗服务与农村居民不断增长的医疗卫生服务需求相比还有差距，医疗卫生人员的技术素质和廉洁形象有待改善，外出务工农民的参加新农合报销难的问题，有待于在发展中得到解决。

多措并举推进精准脱贫工作

朱庆绩

党的十八大五中全会明确提出，到2020年我国现行标准下的农村贫困人口全部实现脱贫。这是中国共产党向全世界做出的庄严承诺，也为乡镇部署了艰巨的工作任务。

2016年初，根据脱贫攻坚工作的总体安排和“八进八不进”的要求，其塔木镇通过镇村两级联合工作队进村检查，经过村支委会、两委会评选，村民代表大会评级，农户自愿确认，村、镇两级公示，精准确认全镇共有贫困户506户。经过两年多的努力工作，现全镇未脱贫的仅有85户，194人。两个贫困村（北山村、张大村）出列，冯家村未出列。

全镇实行多措并举的全力推进脱贫攻坚工作方式，对所有贫困户逐一建档立卡，根据不同的致贫原因，有针对性地制定脱贫计划，每户制定一个方案。坚持思想扶志和经济扶贫同步，挖掘贫困户内在潜力，激发贫困户脱贫致富的内生动力，增强其自身“造血功能”。

一、推广北山村“三带一保”脱贫方式

一是强化党建带脱贫，“树根”全面盘活。镇党委鼓励各村积极成立农民专业合作社和协会组织，采取村干部、党员户、中心户加贫困户的方式，达到30户规模的均组织成立合作社或协会，现全镇成立合作社235个，协会16个。

重新建立党支部，打破原有的以自然屯建支部的做法，把党支部建在产业链和合作社上，在产业发展和脱贫攻坚中发挥党员的先锋模范作用。对全镇 17 个村的村部全部进行了改造升级。全镇共建设文化广场 19 个，3 个村建起了党建宣传长廊和百米健身路径。全镇各村利用党建阵地积极开展各类活动，发挥了阵地宣传凝聚作用，极大地丰富了群众的业余文化生活，改变生活方式，激发积极向上的热情。同时，镇里成立了脱贫攻坚领导小组，主要领导亲自挂帅，相关领导和站所长任组员。采取分管领导包片、站所长包村、部门包村的层层包保工作机制。同时，所有有帮扶能力的党员干部，以及部分企业的领导每人包保 2 至 3 户贫困户，与每个贫困户逐一开展对接，定期开展各种帮扶活动。有一些党员自费为一些贫困户购买鸡、鸭、鹅和种兔等，帮其寻找脱贫致富的出路。还有一些党员干部为贫困户更换门窗、修缮房舍、联系外出务工、办理民政救助等。

二是抓好项目带脱贫，“树干”日渐粗壮。项目建设是村集体经济发展壮大的核心，村里有实力了，也就相当于树干加粗了，才能向扶贫工作输入更多养料养分。为此，我们依托各村现有资源，结合本地实际，打造优势项目，吸纳贫困户参与。以项目发展壮大村集体经济，带动贫困户增收，让村集体和贫困户腰包鼓起来。全镇共争取专项扶贫项目 17 个，全部落地投产。除北山村党建扶贫林项目因生产周期长未产生效益外，其他项目全部产生效益，为贫困户分了红。其中张大村扶贫项目实现每年为贫困户分红每人 1 300 元。北山村扶贫项目每年为贫困户分红每人 800 元。

三是开发品牌带脱贫，“树枝”各方延展。枝繁才能叶茂，开发品牌、带动产业发展是扶贫工作的重要途径。我们依托村里现有优势资源，努力把它打造成优势品牌，使其各显其能，生长壮大。镇政府按照“一社一品，一产一策”的扶贫思路，因地制宜，挖掘潜力，逐屯逐户制定扶贫方案，一户一户研究增收对策，并立足现有的资源优势，着力打造增收“特色屯”，逐步形成带动扶贫开发向品牌化方向发展，把自身的优势资源用起来。目前北山村、张大村“一社一品、一户一策”扶贫任务率先完成，其他村正在谋划落实中。现已注册的品牌商标有：五官屯皇粮贡米、“北大山”农副产品、张大村“满鹅”系列熟食等。

四是争取政策保脱贫，“树叶”日益繁茂。党的扶贫政策是脱贫攻坚的有力保障，要把现有的政策理解好、宣传好、运用好，在政策的保障下，让扶贫工作开花结果，让群众感受到党的政策带来的温暖。我们与上级有关部门联系，对各部门的扶贫政策进行逐一深入研究，帮助村里和贫困户协调解决在落实政策中遇到的难题，发挥政策的最大辐射作用，让脱贫致富的政策活起来。我们组织力量对泥草房改造、医疗保险、大病救助、上学救助、残疾人救助等民生救助相关政策进行深入研究，逐一对号每个贫困家庭的每一个人，特别是帮助在政策边缘的群众协调落实。我们与区残联协调，为残疾人重新定残，并为535例重度残疾人和困难残疾人办理了补助手续。省慈善机构专门开展了对本镇贫困户的心理疏导活动，聘请了省医院的专家为本镇500名贫困人口进行免费体检。部分贫困户和残疾人家庭有孩子上大学，我们积极协调有关部门进行特殊救助。2018年全镇贫困户危房改造计划91户，年底全部改造完成，其中为7户贫困户购买了新房。我们根据上级政策，积极开展邻里互助、托管服务等工作模式，2018年全镇贫困户邻里互助24人次，集中到镇福利中心进行托管服务的8户。

二、坚持扶贫与“志智”双扶工作相结合

自脱贫攻坚工作开展以来，其塔木镇严格按照省、市、区相关工作的安排部署，搭建有效载体，落实扶贫与“志智”双扶工作相结合的工作方针。中共中央、国务院关于打赢脱贫攻坚战三年行动的指导意见中明确提出，坚持扶贫同扶志、扶智相结合，正确处理外部帮扶和贫困群众自身努力的关系，强化脱贫光荣导向，更加注重培养贫困群众依靠自力更生实现脱贫致富的意识，更加注重提高贫困地区和贫困人口自我发展能力。本镇在脱贫攻坚工作中，一些贫困户存在“等、靠、要”的思想，个别家庭因为“懒”成为贫困户，以至于帮扶干部前来帮扶他们，他们同样不愿动、不想动，坐等帮扶。为破除“精神贫困”的障碍，我们以群众喜闻乐见的方式加大扶贫政策宣传，让贫困家庭知晓政策。同时，有针对性地开展文明创建主题活动。

一是开展“五星”评奖活动。镇政府和包保单位从实际出发，针对部分困难群众中存在的懒汉思想，在贫困户中开展“孝、敬、勤、和、正”五星奖评活动，培育文明向上的典型，由平均给钱给物，变成奖评激励，鼓励引导贫困户立志脱贫、奋斗脱贫。

二是签订“脱贫公约”。我们依据入户走访中收集到的问题、意见进行分析整理，查找问题根源，然后与贫困户代表、村干部、群众代表共同商议，订立“脱贫公约”。“脱贫公约”内容包括靠自己双手勤劳致富，积极参与村民会议、文明卫生村建设和村容村貌整治，积极维护村民之间关系等。运用自我教育、自我约束的方式，引导和激发贫困户脱贫致富的信心与决心。

落实扶贫与“志智”双扶工作相结合的工作指针，归根

结底就是要提升贫困群众的“精气神”。本镇通过一系列启智、鼓劲、和谐、文明的活动引导，营造了比创业、谋发展、争脱贫、促振兴的氛围，激活了部分贫困户的潜能和内生动力。

三、采取“三亲六故，四大明白”工作方法

为确保按照党中央脱贫攻坚大政方针按时保质保量完成脱贫任务，我们在多次走访调研的基础上，采用上下结合、邻里互助、一对一帮扶的工作方法，通俗地称为“三亲六故，四大明白”的方法，取得了较好的效果。

“三亲六故”，“三亲”指的是镇级包保人（镇领导、包村干部、站所长）、村级包保人（村委班子成员）、社级包保人（社主任，左邻右舍，亲属）。这样每个贫困户都有镇、村、社三个亲戚。“六故”指的是党员、干部及其他一对一帮扶人员，要像亲朋故旧一样，经常到贫困户家中走访，和贫困户攀亲戚、结对子，把贫困户当成自己的亲人，了解贫困户的真实情况，宣传党的扶贫政策。

“四大明白”，即“明白人、明白事、明白纸、明白账”。就是要求包保帮扶人员，掌握包保对象家庭的情况，了解贫困户的需求，详细地向贫困户宣讲和解释教育、卫生、住房等方面的扶贫政策，让贫困户知晓和明白现行标准下的脱贫线等扶贫政策。同时，要让贫困户清楚自己的家庭收入、支出情况，与脱贫线的差距和努力的方向等。

运用“三亲六故，四大明白”的工作方法，帮助贫困户更加系统全面地知道党的扶贫政策，了解掌握了自家的经济账，促进贫困群众转变思想观念，提振了他们自力更生、艰苦奋斗的精气神。同时，也增加了包保帮扶人员的使命感和责任感，打消贫困户等、靠、要和不主动作为的现象，密切

了干群关系。目前，镇域内所有贫困户已实现“三亲六故，四大明白”工作全覆盖。

四、做好精准化扶贫档案建设管理工作

2017 年 4 月以来，本镇承担了精准扶贫档案试点工作任务。按照省市的要求，镇政府投入 11 万元新建了标准化扶贫档案室，并开展了相关的建档工作。经过努力，扶贫档案建设管理工作取得了阶段性成果，全部完成了精准扶贫实体档案的归档立卷、数字化加工和标准化档案室建设等工作，为长春市制定《精准扶贫档案管理工作实施细则》提供了实践依据。2017 年 10 月 27 日，在本镇召开了吉林省扶贫档案现场会，精准扶贫档案建设管理工作受到了与会人员的好评。

五、帮扶单位和第一书记工作成效显著

长春市委组织部包保贫困村北山村。两年来，直接投入帮扶资金 94 万元，用于北山村榛子林项目建设、扶贫超市建设、大鹅养殖项目建设以及部分贫困户危房改造。他们协调省、市、区相关部门投入款物折合人民币约 4 372 万元，用于村部建设、文化广场建设、基础设施建设、幸福院建设、农民之家建设等扶贫项目建设。

张大村的市级包保部门是长春市科协和长春新区。长春市科协直接为村里投资 100 万元，购置农用车 2 台，从事大鹅养殖项目；为部分贫困户解决了危房改造资金；联系上级有关部门为张大村四棱山高锶矿泉水进行了技术检测。他们还与长春新区协商，共同申请资金进行北山村孵化厂建设，以及玉米秸秆转化饲料项目扩展建设等。长春新区已投资 350 余万元，帮助张大村建设孵化厂和村屯路整修，这两个

项目建设已基本完成。

区民政局包保贫困村冯家村，为冯家村购买电脑2台、桌椅18套；出资8万元帮助8家贫困户建起了新房。为村里解决水泥管20根，并出资5万元为村里整修道路10千米，为村文化广场安装了路灯。局机关工作人员先后慰问贫困户款物达4万余元。

三个贫困村第一书记，常年吃住在村，与所在村村干部、群众融为一体，为所在村脱贫攻坚工作做出了重要贡献。

区机关帮扶马场村，投入资金5.6万元，为居住危房的贫困户购置了新房。

六、企事业单位积极为扶贫工作做贡献

一是长春豪邦房地产开发集团有限公司在2016年夏季为北山村、张大村各捐款10万元，支持扶贫开发工作。

二是区内企业宇光能源捐款4万元及米、面、油等物资，用于全镇扶贫工作。

三是驻镇企业五洲集团主动请缨，积极参与对北山村贫困户常年包保帮扶，每年都拿出款、物对北山村及其他村贫困户进行帮扶。

四是吉林雍达集团总经理王志军于2016年末个人捐资1万元，用于春节期间慰问贫困户。

五是镇里部分企业、驻镇单位、各站办所职员、爱心人士，两年来捐款捐物共20余万元，帮扶贫困户。镇政府对收到的款物统一打捆使用，全镇所有贫困户均得到了物资捐助。

农村养老服务事业方兴未艾

朱庆绩　曲春明

据2017年统计数据，其塔木镇户籍人口中60周岁以上的老人8 247人（男4 112人，女4 135人），老龄化达到15%左右。其中60～69岁老人4 771人，70～79岁老人2 613人，80～89岁老人808人，90～99周岁老人54人，100岁以上老人1人。老龄人口中男女比例基本平衡。全镇共有失能老人1 157人，半失能老人2 569人，留守老人162人。

改革开放以来，特别是随着人口老龄化浪潮的到来，其塔木镇党委、政府高度重视发展养老服务事业，把养老服务事业作为民生问题的重要内容来推进和落实。近几年来，在养老服务事业上主要采取两个结合的方式，即公办养老服务机构和社会力量兴办的养老服务机构相结合，机构养老与居家养老相结合，推进全镇养老服务事业发展。

一、公办养老机构设施不断完善

其塔木镇敬老院，创建于1958年，坐落于刘家村。当时只有两排旧式泥瓦房作为老人们的生活用房。由于当时经济条件有限，养老院组织老人做一些力所能及的劳动，栽植果树，种地、种菜，弥补经费的不足。多年来，在上级民政局和其塔木镇党委、政府的领导下，在社会各界的关心支持下，养老院的各项设施不断得到改善。

截至2016年，镇政府和上级民政局累计投资500余万元，对养老院的各项设施进行了改造更新，建筑面积达3 400平方米。改建后的敬老院办公室、接待室、老人寝室、餐厅、医务室、洗衣房、消防器材室等配套齐全。有老人寝室30间，配备了电视。并整修了道路，美化了院落环境。2017年，镇政府和上级民政局投资645万元，新建了三层养老大楼，建筑面积2 250平方米，完工后将成为九台区东部地区建设标准最好的社会福利服务中心。

目前，其塔木镇养老服务中心入住老人近70人，服务保障人员11人。养老服务中心已建设成花园式养老院，院落中心有凉亭花园，周围有休闲健身器材，院落整洁，绿树成荫，花香四溢。老人们一日三餐不重样，餐餐有肉，荤素搭配。每逢周六、周日和中国传统节日都改善伙食。老人们对伙食调剂非常满意，个别老人甚至怕吃得好血脂超标。老人的衣服被褥，定期由洗衣房清洗。医务室人员每天巡视，老人有病能及时得到救治。养老院还经常组织老人棋牌、歌咏等文艺活动，使老人们的晚年生活其乐融融、祥和幸福。特别是每逢重大节日，社会各界还多次来院慰问老人，带来慰问品和丰富多彩的文艺节目，使老人们深切地感受到养老院生活的幸福和快乐。

近几年来，其塔木镇养老服务中心先后被评为吉林省先进养老院，长春市先进养老中心，吉林省养老机构信誉评定先进单位。

二、村集体和民办养老机构应运而生

2017年，在镇政府扶持下，北山村投资185万元，建立了农民养老院。养老院为平房院落，靠近北山村民委员会院落和村民文化广场，交通方便，环境优美，便于老人休闲养老。养老院占地面积 3 500 平方米，建筑面积 1 076 平方米，有老人寝室 22 间，配置有娱乐室、食堂、医务室等附属设施。目前相关设施建设基本就绪，办理完善了相关手续。北山村养老院是村集体兴办的，为解决本村农民养老问题探索出了一条可行的路径。

黎明村返乡创业大学生于芳芳，根据社会老龄化的需要，本着“帮天下儿女尽孝，给世上老人解难，为党和政府分忧”的思想，创办了黎明村爱达养老院。2016 年 3 月爱达养老院破土动工，仅仅半年多的时间，一座三层楼房拔地而起。整个养老院投资 450 万元，占地面积 6 600 多平方米。主楼三层，为方便老人上下楼，安装了电梯。楼内设有高标准房间 66 间，床位 130 张。房间内生活、供暖、卫生等设施一应俱全，条件堪比三星级宾馆。楼内娱乐室、餐厅、医务室、浴室、洗衣房等配套齐全。此外，院内有景观式园林绿地 1 000 平方米，有仿古凉亭和绿荫长廊等休闲场所和文体娱乐设施。近几年陆续接待老人入住，收费低廉，受到附近老年群众的欢迎。

三、居家养老服务项目逐步展开

近几年，在政府养老服务政策的支持下，全镇 60 周岁以上的老年人都能领取养老补贴金。60 周岁以上的老年人每人每月 80 元，每年 960 元。90～99 周岁老人的高龄补贴每月每人 200 元，每年 2 400 元。100 周岁老人的高龄补贴每月每人 300 元，每年3 600元。2018 年后，60 周岁以上老年人的养老补助金增加到每人每月 100 元以上。这些养老补贴的落实，使农村老人的居家生活状况得到改善。

由于受农村经济条件和家庭子女亲情关系的制约，目前居家养老是一种主要的养老方式。为了推进养老服务事业的全面发展，其塔木镇党委、政府在加强养老机构建设的同时，积极探索和推进邻里互助居家养老服务项目。

其塔木镇的居家养老服务项目与扶贫工作同步进行，即采取邻里结对互助的形式，政府与志愿者签订服务协议，志愿者按协议要求为建档立卡贫困老人提供助餐、助洁、助残、助难等服务。镇政府与民政部门定期检查邻里互助居家养老服务工作落实情况，主要查看志愿者的工作情况和贫困户老人对志愿服务的满意度。根据贫困老人的意见反馈，镇村两级做出综合评价，并据此为志愿者发放一定数额的服务费。邻里互助居家养老服务工作的开展，既为志愿护理人员提供了劳动岗位，增加了收入，又能及时掌握被护理老人的身体健康状况和生活情况，进行帮助照顾，切实为贫困老人解决生活困难。目前，全镇共有 23 户贫困老人享受到邻里互助居家养老服务项目，刘家村、北山村、解放村、双城村、成家村的邻里互助居家养老工作正在全面展开。

农村老龄人口是个数量众多的群体，在养老上面临着不少困难。近几年来，在国家政策的大力支持下，在镇党委、政府和社会各界的共同努力下，镇养老服务中心各项设施进一步完善，村集体和民办养老机构应运而生、蓬勃发展，由政府扶持的邻里互助居家养老等养老方式逐步展开，使全镇老龄人口在老有所养、老有所依、老有所乐、老有所安等方面展现出良好的前景。

解放村荣获“全国文明村”称号

况伟峰

改革开放以来，其塔木镇解放村在其塔木镇党委、政府的正确领导和上级职能部门的精心指导下，认真贯彻落实省市和区委全会精神，按照乡村振兴战略的要求，以建设全国文明村为目标，坚持以人为本、齐抓共建、依靠群众、务求实效的指导思想，坚持不懈地把文明村创建工作推向深入，开创了文明村创建工作新局面。2017 年 11 月，在中央文明委开展的第五届全国文明村镇评选表彰活动中，长春市九台区其塔木镇解放村被评为“全国文明村”。

一、抓班子，带队伍

一是加强组织领导，确保创建工作高效开展。近几年来，村两委班子把精神文明建设和创建文明村工作列入全村工作重要日程，成立文明村建设工作领导小组，负责文明村建设工作的组织领导和安排布置。还建立了村书记为第一责任人并具体主抓、班子成员共同抓的领导机制，使村级精神文明建设作为日常工作常抓不懈，不断营造新农村、新风尚、新氛围。

二是强化了村级各项制度建设。为使基层党组织的自身建设更加规范化、制度化，以健全的制度推动各项工作上台阶，解放村建立和完善了村党支部议事规程、党日活动制度、村务公开制度、重点工作责任制和责任追究制、廉政建设制度等多项制度。还建立健全了工作约束机制和激励机制并坚决执行，严格依制度办事，确保各项工作落到实处。

三是加强基层组织建设，培养和造就高素质的党员和干部队伍。村两委班子在镇党委、政府的领导下，狠抓以党支部为核心的两支队伍建设工作，不断加强对党员队伍和干部队伍的教育管理，使党员干部的整体素质有明显的提升，党员的工作能力得到了提高，干部队伍得到了稳定和加强，为文明村创建工作打下了扎实的组织基础。在镇党委部署下，解放村以“两学一做”学习教育和“抢抓机遇、创新发展”大讨论活动为契机，大力弘扬无私奉献精神，争当优秀共产党员。深入开展“建学习型村支部，做人民满意公仆”活动；确定每月 20 日为“党员活动日”，每月按时开展党日活动；建立“新时代传习所”，以传习所为阵地广泛开展党员学习和群众教育。通过开展各种形式的学习教育，村班子成员及全体党员的政治、理论、科学素质都得到了较大的提升，服务群众的意识和能力得到不断增强。

二、抓经济，促发展

一是加快种植结构调整。根据国家政策和市场变化，及时调整玉米、水稻种植面积，优选水稻品种，实现优化提升。

二是大力发展订单农业。每年春季签订的辣椒种植订单在秋季顺利回购，给较多农户带来了较好的经济效益。

三是大力发展瓜果蔬菜种植项目。利用财政扶贫项目资金，建设占地面积 2 000 余平方米的蔬菜瓜果大棚 3 栋。

四是发展林果经济，鼓励农户种植果树、花卉。解放村 11 社、12 社的果树苗种植已初具规模，取得了一定的经济效益。

三、抓共建，促和谐

一是在村民委员会的领导下，认真落实“四议两公开一监督”的财务制度、“七步工作法”议事制度及“村财民理镇代管”制度等规范化制度，规范村级事务和财务管理。村内重大事项集体决策、民主决策，村、组账务定期在“公示栏”进行公示，使广大村民都参与到村级事务管理监督中来，有效解决了群众心中的疑惑，杜绝了村级账务管理混乱的问题。各项惠农资金安全发放到户，无违纪违规事件发生。

二是修订了村规民约，设立了村民议事会、红白理事会、道德评议会、禁毒禁赌会。大小事务村民共议，共同参与，对村民不良思想和行为形成了普遍的约束力，树立了良好的村风民风。2017 年 9 月，在其塔木镇党委统一组织下，开展脱贫攻坚“树立新民风、激发新动能”活动，激发了贫困户的内生动力，树立了品德优良、自力更生、勤劳致富的脱贫新风。多年来，全村无封建迷信、赌博、打架斗殴等不良现象，无治安案件发生。村民精神面貌焕然一新，勤劳致富的多了，遵纪守法的多了，健康文明的生活方式和敬业创业、孝老爱亲、助人为乐的社会道德蔚然成风。

三是积极引导广大群众开展志愿服务活动。以贫困群众、空巢老人、留守儿童、残障人士为服务对象，开展“我奉献、我快乐”学雷锋主题活动。以扶贫济困、家政服务、文体活动、心理疏导等为主要内容，广泛开展了顺民意、急民需的服务性活动，推动志愿服务常态化。通过注册登记村级志愿服务队伍，设立志愿活动展板，大力弘扬团结友爱、互相帮助、无私奉献的崇高精神，使更多人投入到关心他人、为社会做贡献的队伍中来。

四、抓环境，促美化

一是加大村屯环境卫生整治工作力度。近年来，解放村投入大量财力、物力和人力，大力加强环境综合整治工作。村部、屯部、文化广场实现了绿化、美化、净化、硬化；建立了村屯环境卫生治理工作长效机制，污染物、生活垃圾有专用的垃圾处理设备及专职保洁人员，做到垃圾日产日清，脏、乱、差现象得到了有效治理。村屯及农户积极开展栽植树木、栽花种草等美化绿化村屯环境活动，村域生态环境保护良好，人居环境和生活质量得到进一步提升。

二是大力开展村民文明卫生生活习惯的宣传和养成教育。通过宣传栏、广播、村民会议等途径，普及卫生、健康知识，提高环境卫生保护意识，培养文明健康生活习惯。通过环保宣传教育，村民卫生、环保意识得到很大的提升。从以前的“要我做到”变成了现在的“我要做到”，使保护环境、讲求卫生、爱护公共设施的观念，成为村民的自觉行为。

五、抓宣传，促文明

一是以社会主义核心价值观为重点，大力加强思想阵地建设。大力开展精神文明建设活动，营造文明向上的社会氛围，形成了讲文明、讲道德、比发展的良好风气。制作悬挂核心价值观、中国梦、文明新风、“四维八德”等宣传图板，在显著位置和村民聚集地点进行广泛宣传；以农民画为主要形式，以核心价值观、文明风尚为主要内容绘制了“文化墙”，成为村屯文化的靓丽景观。

二是充分调动广大村民的积极性和主动性，积极开展群众喜闻乐见的文体活动，寓教于乐，既满足群众的文化需求，又提升群众的生活品位。开展了“青年文化节”、秧歌赛、篮球赛等文体活动；积极参与镇里举办的各类文体活动。通过系列群众文化体育活动的开展，弘扬了中华民族传统文化和美德，丰富了群众的文化生活，形成了良好的村风民风，为营造良好的经济发展环境和促进社会和谐稳定起到了积极的推动作用。

三是积极营造良好的庭院文化氛围。继续开展了“十星级文明户”“文明家庭”“好人”“乡贤”等评选活动；在镇党委统一部署下，与贫困户签订“脱贫公约”，开展贫困户“孝、净、勤、和、正”五星评比活动；开展优良“家风家训”评选挂牌活动；积极向镇区两级推荐“其塔木好人”和“九台好人”人选；“共产党员户”挂牌全覆盖。通过这些系列活动，促进村民比学赶超，激发积极向上的动力，全村到处展现出一片文明小康的新农村风貌。

六、抓配套，促城镇化

解放村积极争取上级项目和资金，加大对基础设施建设的投入力度，开展道路、上下水、电网改造，村屯绿化美化、公益设施等基础设施建设并相继完善。村屯道路硬化率100%，自来水普及率达到了100%，有线电视普及率达到100%，通信网络铺设到村到屯，农户厕所“旱改水”逐步推进，城镇化水平取得大幅度提升。村文化广场面积2 000平方米以上，有健身路径、篮球架、文化长廊等设施。按照“五有”标准建设村部，设立了村民办事大厅，建立了妇女之家和留守儿童之家，学龄儿童入学率100%。

通过“文明村”创建活动，解放村的经济实力有了进一步加强，群众精神面貌焕然一新，党群、干群关系更加密切。今后，解放村将继续下功夫探索完善村经济社会发展新途径、新方法，抢抓机遇，开拓进取，为建设更加文明富裕的新解放村而不懈努力。

人物风采篇

【其塔木之歌】

青年创业带头人贾文亮

韩　颖　梁丰富

贾文亮，男，1988 年 4 月出生，中共党员，北大山农副产品开发有限公司法人代表，北山村团支部书记兼其塔木镇团委副书记。

贾文亮大学毕业后，一直在云南从事旅游行业的工作，年薪十几万元。对于偏远乡村出来的贾文亮来说，收入已相当不错。2015 年春节，贾文亮回家探亲，偶遇其塔木镇政府领导，两人的一次谈话改变了他的人生轨迹。为摘掉北山贫困村的帽子，贾文亮选择回乡创业。

为拓宽创业思路，贾文亮在平时工作和生活中坚持学习，并到先进地区参观考察，开拓自己的视野。他认为：家乡要想脱贫致富，必须靠党的领导，必须靠村班子的引领和带动。作为党的后备军和助手，共青团更应该走在脱贫致富的前列。

电子商务在发达地区已非常普遍，但在北山村还无人问津。贾文亮认为，在现在网络信息时代，农村要想发展，赶上发达地区，电子商务是最佳选择之一。2016 年 5 月，区政府与阿里巴巴电子商务平台开展合作，建立淘宝村级服务中心，贾文亮抓住这一商机，成为农村淘宝合伙人。为将北山村原汁原味的土特产品运出山沟，经过考察调研，贾文亮在 2016 年 8 月成立了北大山农副产品开发有限公司，村民们把自家产的土鸡蛋、纯绿色有机大米、黑木耳、各种山野菜都拿到淘宝服务站，贾文亮就是他们的经纪人。他为村民的土特产品精心设计包装，提高了农产品的附加值。为帮助青年把握电商机遇，他组织村里青年参与电商，进行电子商务即兴综合示范，建设了农村电商市场体系。他以“一对一”帮扶方法，引导青年向电商转型，进行网上购物、网上销售，与外界互联沟通。截至目前，在他的帮扶下已有 11 位青年成为电商业主，成功打造了“晒尔哈台”系列产品。

以前由于农村文化资源匮乏，农闲时，村民们三五成群聚在一起打麻将、扯闲话、喝酒等现象时有发生，严重影响了村民间的和谐相处。贾文亮看在眼里记在心上，他协调资金 40 余万元，为村民修建了文化广场，创办了农家书屋，还购置了音响、大鼓、秧歌服等。现在，来书屋下棋、找资料的人多了，广场上扭秧歌、跳广场舞的人多了。2016 年 7 月 7 日，由其塔木镇团委主办、北山村团支部承办的九台区其塔木镇首届青年文化节，在北山村文化广场成功举办。

在其塔木镇村“三委”换届工作中，其塔木镇党委积极探索新形势下农村基层团建创新发展，为全镇 17 个村择优同步选拔了团支部书记，并在全省率先在乡镇团委聘任了农民兼职团委副书记。贾文亮就是第一任其塔木镇兼职团委副书记。

2016 年 5 月，北山村在前代家窝堡屯组建了党支部和团支部。经北山村党总支推荐，镇党委、团委把关，聘任贾文亮为北山村团总支书记兼任镇团委副书记。担任新职务后，贾文亮以身作则，充分发挥了先锋模范作用。他创建了“一条龙”餐饮服务队和综合为民服务商店，吸引村上 9 名贫困户的青年参加。他带头进行产业结构调整，承包水田 20 公顷，种植稻花香水稻；承包旱田 30 公顷，种植优质玉米 25 公顷，优质谷子 5 公顷。他还承包了采摘园，参与创建农副产品加工厂，带领青年人创业致富，各项事业搞得红红火火。

2017年7月，中共长春市九台区委授予北山村团支部为“青年文明号”团支部。贾文亮的产业活了，村民的腰包鼓了，但他并没有安于现状。在北山村脱贫攻坚任务中，贾文亮发挥了重要的引领作用。一是以青年合作社为载体，主动联系镇妇联，组织草编活动培训。开办培训班10次，培训学员达600余人次，使留守妇女学到了技能，增加致富能力。草编产品在网上畅销，为附近百姓增加收入人均500元，增加了农村剩余劳动力的收入，变“输血”为“造血”。二是发挥农副产品加工厂带动作用。2017年加工厂产生效益9.1万元，以4∶6的方式分给贫困户，分给本村贫困户共计5.5万元。三是进一步完善了采摘园建设。采摘园原有大棚两栋，池塘一处，占地面积6 000平方米。现新增温室大棚3栋，种植草莓；冷棚两栋，一栋为花卉种植，一栋为食用菌种植。2017年收益15万元，所得收入6成分给本村贫困户，共计分给贫困户9万元。他还主动包保帮扶本村4户贫困户，经常深入到包保户家中，帮助解决实际困难。春耕期间为4户贫困户解决了使用种子、化肥的难题，共计万余元。同时，他常年帮助本社患有精神疾病的五保户洪福生，帮他解决很多生活上的难题。

贾文亮说：“人的道路，无论是崎岖还是平坦，都要靠自己用心去走，积极、乐观、微笑面对生活，面对明天。”他是这样说的，也完全是这样做的。

生命是一种姿态，不同的追求，不同的奋斗，必将演绎出不同的人生。贾文亮是我们身边的“微笑哥”，更是新时代的“活雷锋”。他用自己不懈的努力，谱写着新一代农村青年创业发展的壮丽诗篇！

正气浩然的人大代表成汉波

曲战胜　成　志

成汉波是其塔木镇成家村农民，1962 届老初中生。他多年担任村、社干部职务，并连续 10 多年担任其塔木镇人大代表。他为人正直纯朴，正气浩然，且与人为善，乐于助人。他的所作所为，高风亮节，深受周围群众的敬重和赞誉。

2000 年秋，吉林市博物馆投资重建了“吉林三杰”翘楚成多禄墓园，该墓园被定为县级文物保护单位。成汉波出于对国家文物保护的责任感，及对成氏家族先贤的敬仰，主动担负起管护任务。每年除草、添土、描碑文、修路等，坚持维护了十几个春秋。有些费用自己掏钱，从未向政府索要任何报酬。

成汉波崇尚科学，反对封建迷信，自觉抵制不良习俗。他严于律己，身体力行，不吸烟、不酗酒、不赌博，处处为人表率。以往农村有打麻将赌博和红白喜事大操大办等不良风气，他从不随波逐流。他的四个女儿出嫁，没有一个向男方索要彩礼，并且无一人大操大办婚事和收受礼金。邻居说：“他家姑娘结婚，无声无息，谁也不知道。”成汉波说：“我没有权力管别人的不正之风，但我有权力管好自己”。

他尊重知识，注重子女教育。他把三字经写成大纸贴在墙上，汉语拼音字母排在墙上，晚上对孩子们进行启蒙教育。1989 年因人口多需要建房时，亲属主动借给他钱，让他建一座好一点的房子，被他婉言谢绝。他说：“我有钱是要供子女读书，不能用在建房上。”他一生育有四女一男，生活比较拮据，但他节衣缩食供子女读书，并教育子女勤工俭学，在校外做家教。五个子女中有四人考入大专院校，现在孩子们均已成家立业，家庭和睦，幸福美满。

《吉林成氏家谱》自1910年由成多禄编撰以来，间隔100多年，一直无人赓续。如果再不续修，很可能无法接代。成汉波主动担负起续编成氏家谱的重任。个别人对修谱持怀疑态度，甚至有人怀疑他借机敛财。成汉波凭他在社会的信誉和在家族中的威望，积极发动家族募捐续谱，并自己垫付各种费用。为节省交通费用，他骑着自行车走街串户，入户登记居住在九台、德惠、舒兰境内的族人信息，最多时一天行程64千米，饿了买点廉价食品充饥。历时110多天，他为族人编撰新谱一集，为吉林省成氏一族家风家教世代相传，做出了重要贡献。他助人为乐，屯中哪家有事，都积极帮忙。只要在自己能力范围之内，逢求必应，并且为他人做事，从不索取回报。每逢冬季，他都义务打扫屯路积雪。2018年7月的一天，成汉波外出散步，发现路上有一瓶未开封的价值120元的风湿灵喷剂。他拿着药去了村卫生所，经过询问卫生所医生，得知该药是本村低保户荣某购买后丢失的，他立即把药送到荣某家里。

成汉波的实干精神和道德风范，多次获得各级政府表彰。1976年和1980年两次被评为乡劳动模范，1991年被评为先进工作者，1995年至2011年连续当选其塔木镇十四届、十五届、十六届、十七届人民代表大会代表，2015年被评为九台区好人。2016年被评为其塔木好人、长春市模范家庭、吉林省好人、吉林省模范家庭。2017年被评为全国模范家庭。

优秀乡土人才蔡正环

王高宠

蔡正环，男，朝鲜族，1969 年 1 月出生，家住长春市九台区其塔木镇红旗村 16 组。九台区、长春市、吉林省摄影家协会会员，政协长春市九台区第十五届政协委员，其塔木镇远近闻名的家电维修能手。

1988 年 7 月，蔡正环从九台二中高中毕业后回家务农。在家务农半年时间内，蔡正环萌生了继续求学的想法。年底，老父亲卖了粮食，给蔡正环 200 元钱，嘱咐他自己去买套衣服和一双皮鞋。这 200 元钱成为蔡正环求学道路上的资本，他用其中的 60 元钱报名“西北电子专科学校”的家电维修函授班，又花 60 元买了一块万用表。虽然钱“别有他用”，挨了父亲一顿训斥，但他觉得花得值，总有一天父亲会明白和理解自己的。1989 年，蔡正环一边干农活一边通读了 9 本家电维修专业的函授教材，尝试利用业余时间给邻里乡亲修理收音机、录音机、黑白电视机。由于是新手，难免会遇到这样那样的难题，蔡正环从不服输，经常查资料、找故障到半夜，直到找到答案才肯睡觉。那一时期，《家电维修》《电子报》成了蔡正环的良师益友，里面的电子理论知识不仅开阔了视野，很多疑难故障在那里都能找到维修线索。随着理论知识和实践操作的积累，蔡正环的维修水平逐渐提高，再加上他工作认真细致，找他修家电的人越来越多，自己也开始有了些收入。但他没有停滞不前，依旧坚持订阅各种家电杂志，为他日后维修彩色电视机、液晶电视机打下了技术基础。

蔡正环从1993年到其塔木街道从事家电维修行业一干就是25年。25年期间他始终秉承不说假话、不挣昧心钱的经营理念，对待老、弱、病、残顾客带来的故障电器，小问题不收钱、大问题少收钱。对没有故障、操作不当送修的电器免费调试。为了表示感谢，大家给蔡正环送去了山野菜、饮料等表示酬谢，那些真情实意也感动着蔡正环。最让他难忘的是有一位来自胡家锣鼓村的70多岁老大爷，听说蔡正环的为人和维修技术好，专门跑50多里路到他的店里修助听器。说实话，很多家电维修部不愿意接维修助听器这样的小活，东西不大却很费功夫，用它的大多都是老人，经济效益不高。那时候交通不便，从胡家锣鼓村到其塔木差不多小一天的路程，从老人的眼神和话语间能感觉到老人的急切心情。蔡正环接过助听器仔细检查、细心维修，20多分钟就把它修好了。老人接过助听器插上耳机试听，高兴坏了，连声表示致谢！老人要付给蔡正环维修费，他说，大爷你信任我，大老远来找我，我也就搭点时间，就不要钱了。老大爷执意要给钱，他坚持没收。后来几年老大爷到其塔木赶集时都会来看看他，说说话。一点小事让老大爷念念不忘，也让蔡正环心里感觉暖暖的。

蔡正环除了钻研家电维修业务，还积极参与摄影公益活动和参政议政学习活动。2007年10月1日，蔡正环买了第一台数码相机，订阅《大众摄影》，购买摄影书籍，学习摄影理论和摄影技术，进农户、下农田记录农民的劳作和生活瞬间，登四棱山拍摄美丽的杜鹃花，去牛头山水库拍摄迷人的晚霞。由于蔡正环肯吃苦、又懂技术，拍出来的作品受到业内人士一致好评。蔡正环也因此成为九台区摄影家协会、长春市摄影家协会、吉林省摄影家协会会员。作品在《新九台》《长春日报》《农村科学实验》《吉林画报》等报刊上相继发表，在区、市、省级摄影比赛中多次获奖。几年来，他还一直坚持在《关东摄影网》《东北风摄影网》《橡树摄影网》等网站发表家乡风光摄影作品。2017 年 4 月“吉林·九台杜鹃花旅游节暨满族山歌节”在四棱山森林公园盛大开幕，蔡正环和徐跃老师拍摄的活动图片在《吉林画报》2017 年第 5 期上进行了大篇幅报道。一直以来的坚守和学习，不仅让蔡正环在摄影技术水平上得到提高，也被其塔木镇政府列入重点培养的乡土优秀人才，相继获得“其塔木好人”“九台好人”“长春最美家庭”等荣誉。2016 年还荣幸地当选政协长春市九台区第十五届政协委员。因为大家对他的肯定和信任，让蔡正环感觉自己肩上的责任重大，他积极参与政协活动，认真撰写提案，做老百姓与党和政府沟通的桥梁和纽带。在 2017 年 11 月召开的九台区第十五届政协委员会第二次会议上，他撰写的《在乡镇、街道办事处等人口聚集区修建公厕的建议》被大会作为提案提交相关部门。2017 年，他被推选为其塔木镇文联副主席。

帮家乡儿女尽孝的于芳芳

韩　颖　王佳琪

于芳芳，女，其塔木镇黎明村人。她是一位 33 岁、年轻有为、处处为家乡百姓着想的返乡创业大学生。她把全部的光和热倾注在家乡的养老事业上，用自己的爱心和行动实践着爱老敬老情怀，谱写了一曲无私奉献的赞歌。

2012 年，于芳芳从河北师范大学毕业后，回到长春，依靠自己大学学到的专业开办了自己的家装设计工作室。不但能学有所用，收入也不低，还有发展机会和空间。尤其身处繁华的省会城市，年轻人吃喝玩乐的地方多，足以让人生活得舒适惬意。但后来经历的两件事，让她毅然决然地离开长春，回到了家乡。

事情是这样的：她和丈夫是大学同学，她丈夫的老家在九台区其塔木镇。于芳芳是个孝顺的姑娘，闲暇时，她经常和丈夫一起回去看望住在九台市内养老院的爷爷和姥姥。每次去，老人都高兴得不得了，走的时候却伤心得落泪。看着回来时老人高兴的样子和离开时依依不舍的眼神，再看看其他老人形影相吊的落寞身影，她深深地感受到老人的孤独和寂寞，可是没办法。还有一次，她和一个客户签合同的时候，发现那位客户把 80 多岁的老母亲带来了，问原因，那位客户说，家里无人照料，不放心老母亲一个人在家，只能每次出门带在身边。

这两件事，让她更加关注老年人的晚年生活，有了回到家乡建一家大型养老院的想法。

敢想还得敢干，有了这个想法后，她开始着手做市场调查。她了解到，目前我国 60 岁以上的人口已达 1.67 亿人，占总人口的 12.5%，占全世界老龄人口的 1/5，我国已成为典型的老龄社会，养老问题日益突出，已对社会发展构成了严峻的挑战。而另一方面，城镇养老院不能满足养老需求，公立养老院严重不足，私人养老院要么条件很差、要么条件好却费用昂贵，家庭养老也是问题很多。从身边的情况看，养老院里大部分都是农村老人，由于年轻人需要种地和外出打工养家，对老人无暇兼顾，无奈就安置老人到养老院。而现在的养老院，基本上是住宅房改装的。为多赚钱，最大限度利用空间，多数都是又小又拥挤，环境嘈杂甚至脏乱，很多老人在那里生活，也是出于无奈。

了解到这些情况，她就下决心，一定要在农村建一个星级养老院，让老人在这里就像在家一样，享受到细致周到的照顾，得到应得到的关怀。而且，不让他们远离家乡、远离亲人，能经常和家人团聚，没事还可以回家走走，甚至可以自己动手种地，让农村老人安享优质晚年生活。并且，她要帮那些外出的子女尽孝，消除他们的顾虑，不让家里的老人成为他们的后顾之忧，不让他们像于芳芳和丈夫每次去看爷爷姥姥时那样进退两难，让他们能安心地在外面奋斗、赚钱。

经过一番考虑，她对丈夫、公婆和盘托出了自己的想法，取得了一致的支持。丈夫说，养老事业是一个朝阳产业，他以前也曾经考虑过这方面的事情。公婆说，年轻人有想法、有眼光、有善心、有孝心是好事，必须大力支持！

2015 年，于芳芳和丈夫、公婆，毅然放弃了原本安逸优越的工作和生活，举家迁回家乡——其塔木镇黎明村，开启了她们的返乡创业之路。

回乡之后，一家人马上行动，分工负责，着手养老院的创办工作。俗话说万事开头难，建院之初，由于办手续、缺资金等问题，养老院建设一度停滞。于芳芳每日奔波于筹建的各种事务中，难免身心疲惫，陪陪孩子都成了一种奢望。好在他们都没有被困难压倒，也始终没想过放弃，经过一番艰苦奋斗，2016 年 3 月末，爱达养老院破土动工；2016 年的 11 月，养老院建成并投入使用。仅仅半年多的时间，一座三层小楼拔地而起，他们的创业梦想实现了至关重要的第一步。

整个养老院投资 450 万元，占地面积在 6 600 多平方米，主楼三层使用面积 3 000 多平方米，内设高标准房间 66 间，床位 130 张，室内生活、供暖、卫生、医疗等各项设施一应俱全，条件堪比三星级宾馆。楼内办公室、多功能室、接待室、娱乐室、餐厅、医务室、浴室、洗衣房、储藏室、仓库等配套完备。此外，院内配有景观式园林绿地 1 000 平方米、仿古凉亭和绿荫长廊等休闲场所和文体娱乐设施，为老人们创造了良好的休养生活环境。

室内设计是她自己的专业特长。为了精益求精，她投入大量精力，在设计中把方方面面的因素都考虑进去。根据养老功能的要求和老人行动不便的需要，在每个房间都设立了单独的卫生间和热水器，在走廊安装了扶手；每个楼层都有公共卫生间和淋浴室，供老人家人来探望时使用。为了丰富老人生活，又在三楼设置了图书室、茶室和棋牌室，供老人休闲时使用。设立了小餐厅，供老人过生日和家人团聚时使用。虽然只有三层楼，依然安装了电梯，行动不便的老人可以坐电梯上下楼。因为老人难免常常生病，考虑到这一点后，于芳芳在养老院建了一个医务室，老人在自己的房间里就可以边看电视边打针。这些设施虽然多花了很多钱，但能为老人创造更好的居住环境，她觉得很值得。

第一位入住的老人叫陈永珍，是松花江对岸的舒兰市人，今年 90 岁了，是一个孤寡老人，她是慕名来到这里的。老人说，这里环境好，工作人员对我也好，每天吃住顺心，真是比家里都强。90 岁的老人，耳不聋、眼不花，那开心的笑声更是给大家留下了深刻的印象。

张兰清、王玉彬夫妇俩都住进了养老院，冬天冷，夫妇俩取暖做饭不方便，他们两人决定在养老院过冬。

有像他们夫妻冬季在这里过冬的农村老人，也有夏季来这里避暑的城里老人。夏季，她们在养老院周围建了蔬菜大棚，养些鸡、鸭、鹅，雇几个赋闲的乡亲照管，让老人吃上健康绿色的食品，也让身体硬朗爱活动的老人有个喜欢干的营生儿。

老人们在这里住得开心，不仅是因为这里有宾馆式的条件，更主要的是这里对老人亲情式的付出。敬老、尊老、爱老见于心，真诚、真情、真爱践于行。她的所作所为老人们看在眼里，亲身感受，口碑相传。开业之初，仅一月内入住老人就达 15 人。不管建设期间多么的辛苦，看到这些老人们脸上的笑容，所有的辛劳都顿时释然，那颗疲倦的心终于放松了下来。

在爱达养老院门口立着一块牌子，上面写的是："帮天下儿女尽孝，给世上老人解难，为党和政府解忧。"

养老院建成之后，经营管理逐渐走上正轨，创业的压力小了很多，她也如释重负，轻松了许多。2016 年末，在黎明村村委会的支持配合下，她们一家人购置了 10 000 余元的生活用品，探望慰问了其塔木 17 个村的老年困难户 30 余户，并为几位特困老人每人送去 2 000 元的慰问金，让他们过上一个祥和的春节。

于芳芳觉得，不能仅仅满足于服务入院老人，还要服务更多有需求的居家养老的老人。要努力办好具有养老机构示范特色的老年文化事业，让老年人的晚年生活积极向上，让社会更加美好。她利用养老院现有的资源和设施，在院内开办医学保健、电影欣赏、饮食卫生、时事政策等课程，还办了书画、健身、手工、花卉、戏剧等兴趣班，让老人邀请乡亲、朋友前来参与。通过开展这些兴趣活动，提高了在院及院外很多老年人的身体及心理素质，使农村老人享受到了城里人的乐趣和服务。这种形式，不仅让老人增长了知识、丰富了生活，更是给予老人一种陪伴，一种心灵上的抚慰。同时，她还鼓励老人以院为家，参与管理，发挥他们的特长，支持老年人关心经济社会发展，参与社会公益事业，营造老有所为的宽松环境。在春、夏、秋三季，组织周边村屯中老年人到养老院文化广场扭秧歌、跳广场舞、打篮球等。还自掏腰包 6 000 元买了两辆双人健身自行车，让大家依据爱好开展活动，丰富和增加了休闲生活的情趣。

这些做法得到了党和政府以及社会各界的认可。其塔木镇党委、政府授予于芳芳“2016 年度其塔木好人”荣誉称号，并先后获得“九台区三八红旗手”和“吉林省三八红旗手”荣誉称号。她觉得自己做的和这些荣誉相比，还远远不够。她说，今后要更加努力，办好爱达养老院，做好服务老人的事业，更多的奉献家乡，奉献社会！

北山村的好书记曲智强

李成旭

曲智强，男，32 岁，其塔木镇北山村党支部书记、村委会主任。

曲智强自 2014 年任职以来，坚持把“抓党建、抓基础设施建设、抓环境卫生整治、抓扶贫”作为工作重点，带领全村党员和干部群众克难奋进、扎实工作，使全村的各项事业呈现出良好的发展态势。

一是抓党建，提升班子战斗力。他认真履行村党总支书记工作职责，定期开展党员理论和科技培训班，使党员在理论素养提高的基础上，增强了带头致富的本领。北山村投资 17 万元建一站式服务大厅一处，面积 85 平方米，使村部一厅三室达到标准化；投资 30 万元新建文化广场一处，占地面积 3 300 平方米；投资 7 万元建农民阅览室一处；投资 15 万元，完善了篮球场、乒乓球室。组建了北山村秧歌队，农闲时节，进行秧歌表演，参与群众达 500 余人。在 2015 年和 2016 年分别获得全区秧歌比赛一等奖和二等奖。同时还组织开展了篮球邀请赛和乒乓球友谊赛，开展北山村好人评选活动，提升了村党支部的凝聚力和战斗力。

二是抓基础设施建设，提高村民的幸福指数。在农村，农民最关心的是路好不好走、桥难不难过。近几年来，曲智强积极协调有关部门，为村里争取项目和资金，不断改善村内基础设施建设。2015 年，北山村投资 50 万元，新建九社桥一座；投资 10 万元，新建村卫生室一处；投资 80 万元，新修机耕路 6 千米；投资 70 万元，新打抗旱井 5 眼；投资 170 万元，新修田间路 10 千米；投资 80 万元，新修水泥路 3.2 千米；投资 300 万元，新建农村养老大院一处。

三是抓环境卫生整治，打造优美宜居环境。北山村以前是全镇环境卫生较差的村，由于村内养殖户较多，牲畜粪便堆积如山，每到夏季臭气熏天、蚊蝇乱舞。村里也曾治理过，但由于缺少资金，一直没有根本改变。曲智强书记上任后，做的第一件事就是清理卫生。他自掏腰包 4.5 万元，对村里垃圾进行了彻底清理。同时召开村三委和村民代表会议，制订了村规民约，用制度约束村民爱护环境，做到“清”“管”结合。在每个自然屯新建一个垃圾场，村里组建垃圾清运队，屯里产生的生活和生产垃圾统一堆放到垃圾场，垃圾清运队定期将本屯的垃圾运走填埋。仅 2015 年，全村共清理垃圾 500 余车，2 000 余立方米。

2018 年，北山村开展“爱我家乡，绿满北山”活动，以多种形式鼓励村民植树、栽花。栽植树木 50 万棵，面积 40 公顷；栽花 3 万株，面积 3 500 平方米。

四是抓扶贫，走共同富裕路。北山村是“十三五”初期国家建档立卡的贫困村，经过镇、村、社三级干部入户走访核实，村支部和村民代表评议，村委会公示，全村共有贫困户 91 户，贫困人口 215 人。为实现两年内贫困人口全部脱贫工作目标，村里多次召开支部会议，确定脱贫攻坚工作的总体思路是：以党建带脱贫，一社一品、一户一策，不等不靠。

北山村组建了苗木种植合作社、黄牛饲养合作社、煤炭经销公司、村级林场，让贫困人口参与合作社中，以土地入股，成为股民，并在合作社打工挣钱。村里党员干部对贫困户实行全覆盖包保，曲智强书记包保一社的陈永江和十二社的王井成，两户是全村最困难的贫困户。他为两户解决春耕生产所需的种子、化肥，总价值约 11 000 元，同时曲智强还包保王井成的两个子女上学所需的班车费、食宿费，每年 3 000 元左右。

曲智强书记作为一名基层党员干部，始终牢记党的宗旨，以实际行动赢得了群众的支持和拥护。如今，他正满怀信心为把北山村打造成一个脱贫致富的文明村而忘我工作，一步一个脚印地书写着一个共产党员的美丽人生。

勇于担当的好支书金胜哲

曲春庭

金胜哲，朝鲜族，是其塔木镇新鲜村党总支书记，今年45岁。自担任新鲜村党总支书记以来，他一心为公，敬业奉献，始终牢记为广大群众服务的根本宗旨，不记个人得失，全心全意为新鲜村群众服务，是全村生产致富的带头人，帮扶助困的热心人，广大群众的贴心人。他事事走在前面，以自己的实际行动影响和带动着周围的群众，使全村工作更加扎实，群众更加满意。尤其是他见义勇为、勇于担当的精神广受人们的赞誉。

2017年7月17日下午，金胜哲支书与村干部在村部研究工作。刚从长春市米沙子精神病院出院的新鲜村三社居民精神病患者金某，携带菜刀闯进村部，金胜哲发现其精神状态异常，担心其手持菜刀伤及他人，跟随其走出新鲜村村部。就在此时，金某病情突发，挥刀乱舞，砍向一名在村部附近的群众，周围很多群众惊慌失措。在这危急时刻，金胜哲挺身跃起，用手臂挡住了砍向群众的菜刀，致使左手腕被深度砍伤，伤势严重。事件发生后，金胜哲忍着伤痛坚持处理现场，并安排人联系派出所。派出所民警及时出警将行凶者制服，避免了事态的再度扩大。事后，金胜哲同志在长春市中日联谊医院住院治疗了一段时间，手腕留有大块的疤痕。

精神病患者行凶的地点附近还有三处幼儿园，当时孩子们正在室外活动，如果没有金胜哲同志在关键时刻挺身而出，用自己的身体挡住行凶者的菜刀，后果将不堪设想。他这种舍己救人、见义勇为精神，被人们广为传扬。

金胜哲同志是其塔木镇种粮大户，自己经营家庭农场，承包种植了 119 公顷水田。他在国家农业机械政策扶助下，购买了 6 台拖拉机，5 台插秧机，3 台收割机，学习和运用农业科学技术，年收获稻谷 180 多万斤，成为远近闻名的致富带头人。

新鲜村出国劳务人员很多，在家的都是留守老人。这些留守老人，无论家里有什么困难，第一时间出现在他们身边的人就是金胜哲。新鲜村有 5 户贫困户，他先后投入资金 2 万余元，并无偿提供农业机械和用工，帮助贫困户发展生产，使 5 户贫困户全部脱贫。

新鲜村里的主干路，路面损坏严重。为了解决这一状况，他积极寻求相关部门支持。2016 年有关部门立项并组织施工，使新鲜村的主干路成为平整的水泥路。

金胜哲同志热心公益事业，多次向敬老院捐款捐物。每逢节日，他都会自己拿出一定的慰问金，慰问村里的留守老人和那些需要帮助的人。在春节前，他主动为村里贫困户送去猪肉、大米等慰问品。2016 年为贫困户捐赠大米 1 000 多斤，近几年累计捐助大米 2 万多斤。他这些乐善好施的善举，得到了社会各界的好评。2016 年，其塔木镇党委、政府授予他“其塔木好人”“其塔木镇优秀共产党员”荣誉称号。

敬业奉献的业务骨干宫艳军

李岷山

宫艳军，1968年11月出生，本科学历，中共党员，现在其塔木镇农村经济管理服务中心工作。

宫艳军出生于其塔木镇冯家村，土生土长的其塔木人。1988年考入吉林农业大学，学习农村经济管理专业。毕业后，他义无反顾地回到了家乡，在其塔木镇农村经济管理服务中心（当时称作其塔木镇农村经济管理站）工作，一干就是26年。这26年来，他工作勤奋、踏实肯干、作风正派，历年年终考评均获得优秀档次。

他能自觉加强理论学习，不断加强自身世界观、人生观的改造，思想上同党中央保持高度一致。他认真学习、全面领会党的方针政策和上级农村工作会议精神，增强了贯彻落实党的农村政策的素质和能力。在加强政治理论学习的同时，能够注重对业务知识的不断更新。利用空闲时间，认真学习和熟悉农村土地承包法、农民负担管理条例、农村财务会计制度和其他相关知识。思想认识的提高和业务知识的学习积累，为他做好各项工作奠定了基础。在党组织开展的e支部学习活动中，他积极组织和指导大家定期学习，成为义务监督员。

他业务全面、样样精通，单位不论把什么业务交给他，他都能出色地完成。他能够严于律己，乐于奉献，对工作兢兢业业，开拓进取，对群众坦诚相待，服务周到。他勤勉务实的工作作风，为其塔木镇机关作风建设树立了标杆。大家都佩服他的工作能力和工作作风，都夸他是大好人。

“宝剑锋从磨砺出”，多年来，宫艳军一直踏踏实实地坚守在自己的岗位上，时时、处处、事事以大局为重，一心扑在工作上。无论在什么岗位、干什么工作，也不管是分内还是分外事，他都能尽职尽责地干好，尽心尽力地完成好，从不讲条件，不计较个人得失，展现了良好的业务素质和思想品德。

学生心中的“最美教师”曲智敏

冯春波

曲智敏，1978 年 1 月出生，是其塔木镇中心校的一名小学教师。

做一名好教师是曲老师一生追求的目标，桃李满天下是曲老师追求的人生最高境界。18 年的教学工作，让她深深爱上这份职业，钟情于教书育人的工作，沉醉于桃李满天下的快乐！

一是爱心育人，甘当人梯。作为人民教师，曲老师热心于这份爱的事业，十几年间，风雨无阻，默默奉献在工作岗位上。在教书生涯中，她真正做到了爱岗敬业，默默奉献，以培养人才为己任。她恪守职业道德、情操高尚、言行一致、表里如一。她为人师表，维护教师的良好形象。能自觉遵守学校的各项规章制度，服从学校的各项工作安排。工作中以身作则，积极主动，顾全大局，不计个人得失。爱心育人、甘为人梯，是曲老师从事教学工作的真实写照。

二是精心管理，爱生如子。多年的班主任工作，曲老师做到了事无巨细、亲力亲为。她的班集体，始终都是阳光的，积极向上的！在班主任工作中，她能认真完成学校布置的各项工作。在班级管理中，重视班风、学风的培养。从教以来，对所有的学生，都亲自家访。对班级里学习困难的学生，亲自上门辅导，并用自己微薄的工资给家庭贫困学生买学习用品。在家中遭遇很大变化的情况下，都不舍得请假。

她爱生如子，是学生敬爱的好老师，是家长称赞的好人。

三是潜心钻研，苦练业务。为师者，必须精通业务。多年来，曲老师一直都努力钻研业务，善于向身边的优秀教师学习，博采众长，积极参与教学教研活动。自 2001 年以来，她一直都是九台区学科骨干教师，连续 5 年被评为优秀教师。在 2005 年全国首届语文教师基本功大赛中，获得三等奖。她撰写的论文和制作的课件多次获得省级、市级一等奖。2016 年，被九台教育局授予“九台区优秀教师”荣誉称号。

“捧着一颗心来，不带半根草去”，陶行知的励志名言正是曲老师的真实写照。

农民学习之星魏家胜

况伟峰　范星彤

魏家胜，男，1951年10月出生，其塔木镇北山村二社村民。他曾担任北山村社主任、两届九台县人大代表，现在其塔木镇政府从事更夫工作。作为一名普普通通的农民，魏家胜多年来勤奋敬业，勤俭持家，特别是在其塔木镇政府从事更夫工作以来，积极响应镇党委、政府号召，认真学习党的各项方针政策，努力工作，受到政府领导和干部群众的赞扬。

魏家胜能充分利用工作之余，看书读报，学习了解国家的大政方针。对于“三严三实”“五有五提升”“习近平新时代中国特色社会主义思想”等内容，他比机关干部学得都全面，有的知识全部能背下来。在老魏的抽屉里有一本他视如珍宝的党的十九大报告文选。每当老魏和人聊到十九大报告时，他都侃侃而谈，精气神里充满了自豪和作为中国人的骄傲。他说：回顾我们党的历史，从小到大，从弱到强，从一穷二白，到现在的繁荣富强，这都是我们党不忘初心，牢记使命，全心全意为人民谋福祉的重要体现。

在新时代e支部学习上，老魏更是人们学习的榜样。他不甘落后，学会了用智能手机看热点报道、看新闻、看党建内容，学习的热情不比党员干部差。他说：“这里内容全，涵盖的知识多，想学习什么内容都能找到，非常方便，我每天都要浏览几次。”有一次，政府同事早上6点前就到单位，进门就看见老魏正带着老花镜坐在门卫旁的桌子上，认认真真看报纸，还向同事津津有味地读起了其中的一篇文章：周智夫的故事之三——最后一次党课。随后，老魏又向同事介绍起了 e 支部："你看，权威发布，今年全省林业产业总产值预计达 1 570 亿元，敦化要建机场、修高铁了……"话语间洋溢着关心国家大事的热情。老魏常说要活到老、学到老，每天的学习已然成为他生活中的一部分。

每当魏家胜谈起在其塔木政府打更的工作，都很感慨。2016 年 4 月，魏家胜到其塔木镇政府报到上班，这份工作为他提供了更好更宽广的学习平台，实现了与政府部门的零距离接触。几年来，魏家胜恪尽职守，院里院外收拾得干净整洁，物品摆放整齐有序，园区、景区井井有条。在他打更期间，政府院内从未出现偷盗事件，外来人员如实登记。在其他工作方面，他更是有求必应，随叫随到。花甲之年，他在新的岗位上依然发光发热，还给自己制定了"工作条例"。主要内容是"坚守岗位、不擅离职守，多活动、少睡觉、勤学习、多看报，安全防火，昼夜防盗，保护好政府生态环境，零活及时干完，有事请示领导，发现问题及时汇报。"

魏家胜说："在农村生活了大半辈子，小时候家庭困难，母亲有病，父亲一个人干活，家里兄弟姐妹又多，我没能完成学业，只念了六年书，是我这辈子最遗憾的事。现在生活好了，我得多学习，把耽误的学习时间补回来。"在农村劳动时，老魏从十九岁辍学后就担任生产队长，直到分田到户，村里人称绰号：老队长。那时他积极带领村民学习毛主席语录，学习英雄人物、学习雷锋，做好事，做人民的勤务员，担任过两届九台县人大代表。群众对老魏在队里的贡献都无不称赞，非常认同。现在到政府做打更工作，受工作环境的影响，魏家胜更加积极主动学习，上面要求学习的知识，他都跟着学。虽然老魏文化水平有限，但是在大家看来，他跟上了新时代，把所学知识都用到了工作生活中。不仅如此，他还把所学到的党的知识、国家政策，传授给自己的子女，让他们也多关心国家大事，为实现中国梦贡献自己的力量！

民间文化遗产传承人关云德

刘　洋　刘德辉

关云德满族民俗博物馆始建于2014年，2016年正式开馆，是吉林省非国有博物馆备案馆。满族民俗博物馆主要以当地满族民俗、农耕、渔猎、萨满等地域文化为主题，自免费开放以来，经常有全国各地的学者、国内外专家以及大专院校的师生前来参观考察。目前已有多所大学在这里设立了教学实验基地。

民族民间传统文化是“活”到今天的传统，它既包含有形的文化遗产，如传统工艺美术制品、民间艺术品、服饰器具等，又包含无形的文化遗产，如传统艺术技能、传统工艺技能、民俗技能等。千百年来，民族民间传统文化以绵绵不绝的生命力，延续至今，被誉为“文化活化石”。

随着市场经济的发展，民族民间文化遗产的保护工作已刻不容缓，活态的民族民间文化已日渐式微。他经过收集走访发现，目前，各民族民间艺人大多年逾古稀，或人死艺亡，而现代青年由于对民族民间文化了解甚少，对民族传统和民间艺术没有兴趣。这就导致了民间文化后继乏人，大量民间工艺到了濒临失传的境地。

对于酷爱民族民间文化的关云德来说，他看在眼里，急在心上。他一边收集散落在民间的“传统物件”，一边为筹建民俗博物馆到处奔走呼号。经过关云德的长期坚持与不懈努力，在政府的大力支持下，一座以关云德名字命名的满族民俗博物馆终于在2014年落成了。

关云德满族民俗博物馆的藏品，多数都是关云德在本地搜集的藏品。关氏家族上百年的祭祀神器之所以能流传至今，多亏关氏族长关凯的保护。父亲的民族文化保护意识感染了关云德，从此，关云德和父亲一起承担起家族的大小事务。关云德还继承了祖传的乌拉神鼓、腰铃等器具的制作技艺，还学会了满族民间剪纸艺术。

“文化大革命”后，关云德在乡村中走访发现，有些人也像老族长一样把一些有价值的旧物件偷偷保存下来。当时他就想，散落在民间的老物件已是寥寥无几，应该将它们买回来收藏。将来在家乡建个展览馆，让年轻人看看，了解我们的民族有着悠久的历史，是一个勤劳、智慧、勇敢的民族。

收藏旧物件，说起来容易做起来难。在没有工资，靠种地养活一家人的年代，除了维持衣食住行外，很难有其他闲钱。为能赚到点钱，在农闲时关云德就去给瓦匠当小工，平常省吃俭用，一辈子不沾烟酒、不打麻将、不打扑克，把每一分钱都用在收藏民间物品上，日积月累，收集的物件渐渐多起来。关云德说，“有时在地里干活累了，我就到藏品库里转一圈，看看我那些心爱的宝贝，掸掸灰尘，擦擦土。一见到这些宝贝，心中就有一种欣慰感，浑身就不累了。”

随着时间的延续，关云德收藏的物品种类越来越多，家里的仓房渐渐没有了存储空间。关云德把一些物件放在家族堂子里，较大的物件如木船只能放在院子中。风吹日晒几年后，木船竟腐烂了，看着日渐腐烂的木船，关云德心里非常难受。关云德之子关长宝看见父亲闷闷不乐、忧心忡忡的样子，就四处托人打听，决定再给父亲找到一条传统的木船。功夫不负有心人，2013年冬天，朋友告诉关长宝，德惠朝阳松花江边一个村子里有父亲想要的木船。关云德得知后，和关长宝一起驾驶自家的四轮车去拉木船。那天下着大雪，路面都是冰，关长宝开着四轮车，关云德坐在后车厢上，爷俩顶风冒雪用四轮车把那条松木制作的木船拉回家。关云德的举止感染着儿子关长宝。把木船顺利运到家后，关长宝对父亲说："爸，看见你坐在拖车上，浑身是雪，胡子粘着冰碴，竟还稳稳地扶着那条木船。看得出多大的风雪也阻挡不了您收藏的脚步，您对藏品文化的痴迷，让我更加敬佩，我要向您学习啊！"

在莽卡乡三道村有户人家，家里保存了两个萨满祭祀时用的木槽盆，一大一小。槽盆是用一根圆木刨出来的，像一条小木船，是满族祭祖时供神猪做打糕的重要工具，十分珍贵。关云德就惦记上了，多次上门去买，藏家就是不卖。第二年他又去问，还是不卖。无奈之下关云德给藏家的村书记打电话，让他帮忙沟通，结果也是不行。但关云德并未死心，叮嘱村书记帮他盯着，一有消息就通知他。第四年，关云德终于等来村书记的电话，电话告知藏家已同意出卖槽盆。原因是小槽盆被虫蛀烂掉了，藏家怕大槽盆也被虫蛀毁坏，才同意出售的。

关云德收藏藏品到了痴迷的程度。有一年，关云德出民工修松花江防洪堤。一有空闲他就打听当地人谁家有老物件，房东告诉关云德，说老牛家有老物件。晚饭后房东就领着关云德来到老牛家，老牛家的"箱盖"上有件蓝布围裙。他问牛大爷卖不卖，牛大爷说不卖，这是老伴死后留下来的，想念时就看一看围裙。这种睹物思人的心情谁都能理解，临走时牛大爷的儿子告诉关云德："等过几年老头走后再来买吧！"七八年过后，关云德得知老牛头已经去世几年了，就骑车去他家，可没想到那块围裙早被北山村的王军给买去了，关云德又辗转来到王军家，把惦记多年的围裙买回来了。据关云德讲，这种老太太补绣围裙民间已经很少见了，它是采用剪纸手法，先把布剪成图案，然后衬在底布上用线将边缘缝上，一般都是蓝、白两色，十分精美。做一个围裙，一般需要一个多月才能完成。

在众多藏品中间，关云德最喜欢的就是一件保存了有一百多年的刺绣艺术品。那是关云德去一家串门，不经意间一眼看到缝纫机踏板上有块带图案的布垫，就问这块布是干什么用的，这么好的图案咋用来垫脚踩呢？那家女户主告诉关云德，那曾经是姥姥的幔帐套，现在没用了，她就把它垫在缝纫机脚踏板上，避免脚着凉。起初关云德想用另外一块布来换，可女户主却说，你喜欢就拿去吧，不用换了！关云德如获至宝，回到家里仔细研究，原来是一幅民间补绣作品。上面的图案是“双蝠捧三寿”，周围用三笔回纹装饰，下悬捻线编结流苏长穗，还绣有描写民间二人转剧情的一首小诗。题目是“夜宿花亭”，诗文是“英烈女子张美英，为寻丈夫找上京。文举得中状元位，又收小姐张美英。文举美英得相会，夫妻双双宿花亭”。这是一首描写男女忠贞不渝爱情的小诗，作者将剧情故事编绣在幔帐套上，挂在室内幔杆子上。这不只是件艺术品、装饰品，还时刻警示人们要学习文举美英的高尚品德，夫妻才能白头偕老，多么好的一件民间艺术品啊！

就这样年复一年，日复一日，关云德骑着自行车走遍了九台地域内的各个村屯。

功夫不负有心人，2009 年 3 月，时任长春市市长崔杰来九台调研，专程来到其塔木镇关云德家。他对关云德收藏的民俗物品以及他的满族剪纸赞不绝口，当场决定扶持建设展馆。在政府专项资金二百万元的扶持下，关云德建起了一座占地一万多平方米的满族民俗博物馆。

在博物馆里，按时间顺序陈列着不同时期的藏品。如熨斗、灯具、蜡台、火锅、狩猎工具、打鱼工具、酒具、药具、民间乐器、萨满神器、木器、陶器、缸器、瓷器、柳编、草编、秤杆、生产工具、民间服饰、刺绣、各种鞋帽、文房四宝等，有40多个类别。

关云德满族民俗博物馆，现已累计接待全国各地专家学者上万人次。依托地域文化资源，博物馆年年举办民俗、农耕文化展览，面向域内中小学生，系统讲述当地的农耕、民俗文化发展历程，让孩子们了解自己家乡的历史文化脉络。

博物馆是一个地区文明的窗口，是文化共享的场所和平台，是一个城镇发达和文明程度的重要指数。要了解一个地方的历史文化和社会发展程度，博物馆即能略见一斑。同时，博物馆也为研究地方文化，传承民族文化遗产，提供了不可或缺的展示与交流平台。由于关云德在萨满文物收藏保护上的突出贡献，他多次受到政府部门的表彰，并被推选为非物质文化遗产传承人。

逐梦农民画的高桂苓

刘承芳

高桂苓的名字，生活在其塔木的人们并不陌生。近年来，这位土生土长的农家妇女，在追逐梦想的道路上，勤奋不息地创作出《热吻》《鱼米之乡》《我的梦，中国梦》等几百篇绘画作品，获得业内外广泛赞誉，成为乡村民众心目中女画家。

“我爱家乡，永远用画笔宣传家乡、赞美家乡。”“其塔木曾是全省有名的农民画之乡，我要把它传承下去……”《九台好人》记者访谈中，她道出了自己的心声。

上小学时，高桂苓就有着与其他女生不一样的习惯和情趣，语文、历史、地理……凡书本上有图案的都成了她临摹的练习册，一本本书让她涂抹的面目全非。老师生气了：“没见过你这样的女生，比男孩子还能作妖……”父亲发怒了：“你再这样就别念了，回生产队干半拉子去！”而母亲和哥哥却另有一番看法：“对一件事情感兴趣是难得的，应该培养才对。”

面对学校和家庭的压力，高桂苓没有退缩，而是换成了另一种方式来促成她的爱好，玻璃、废纸、树皮、木板……只要是能涂上色彩的物件，她都不放过。这样反而扩大了绘画领域和选项，拓展了更为宽泛的创作思路。

20 世纪 80 年代的一天中午，一位背着画板、挎着背包、梳着辫子的中年男子走进高桂苓的家门。他介绍自己是县城的美术老师，是来其塔木写生的，因为口渴特来讨碗水喝。他喝水时忽然发现一个十几岁的女孩在木柜的玻璃上画荷花，便走过去询问起来，又夸桂苓色彩感很强，选型准确，只是路子不对头，并对桂苓母亲说他愿意让桂苓去他的画室系统地学习速写、素描、色彩等基础课程，好将来考取美术学院。高桂苓听完放下手中画笔，不冷不热地回答："那样路子不对，我根本不想走美院的路，其塔木过去也出了不少农民画家，我喜欢她们的画。"她取出一本 1974 年 7 月的《吉林文艺》："老师，您看看最后那页，上面的画就是我们这里陈凤琴、杨春花、韩凤生等几位阿姨、叔叔画的。"她说完就走出了家门。高桂苓母亲刚要对老师解释什么，可老师却说："没什么，这孩子有个性很好，很适合画画，将来一定有作为，好好培养吧！"

高桂苓画画在当地出了名，有赞扬的、鼓励的，也有冷嘲热讽的。有人说："桂苓画画名气越来越大，将来一定有大出息。"也有人说："她连初中文化都没有，能出息到哪儿?"对于高桂苓来说，各种褒贬已经司空见惯，但说她文化浅却一针扎到了她的痛处。她脑海里浮现了这样一组画面：高桂苓作品展览室，一位老者走到高桂苓面前。"这些画都是你画的?""是我画的，请您老指教。""画得很好，这幅《麻姑献寿》更让我喜欢。不过我想问一下，麻姑是什么人？出身背景怎样？献寿出现了哪些故事？结局怎么样？你能告诉我吗?"高桂苓对这突如其来的问话有些措手不及，在众目睽睽之下，显得异常尴尬。老者没等桂苓答话，又接着说："我不是在大伙儿面前难为你，你的画画得很好，但每幅画的来龙去脉都要明白，多学些文学知识，这样对你的创作大有益处。"

读《吉林三杰》简介，让她深知自己知识的匮乏；观看其塔木烈士碑铭文，产生了一种传承红色基因，绘制英雄烈士事迹的冲动；读《中国民间故事大全》，详细掌握了流畅的语言和故事的内涵。由此她悟出了多读书、读好书的必要性，于是她有时间就去镇文化站找书读，去九台市区也不忘光顾图书馆和文化馆。

在一个浅草没马蹄、新燕啄春泥的暮春时节，高桂苓在镇里刚开完扶贫工作会议，就被巩书记叫到了办公室，“桂苓同志，你的画画得很好，为咱家乡增了光，目前正搞精准扶贫，你利用自己的影响能否在你们村扶贫工作上多动动脑筋，找出一些切实可行的办法来？要大胆创新，有什么困难党委为你解决。”

副书记韩颖补充说：“你喜爱文化活动，还是区文友社其塔木的分社长，在文化扶贫方面大有文章可作，你可以大胆尝试一下。”

当天夜里，高桂苓失眠了，她反复回想书记们说的话，突然一个念头蹦出脑海，她想到门前那条路，那条人行总受阻、车行总抛锚的沙土路，她决心组织村民修这条路，让它变成一条产品能运出、商品能进得来的致富路。

修路过程中，村民们展现了良好的道德风尚，在费用均摊的基础上，无私奉献形成了一股风气，全村 15 台四轮车全部到场。中午有拿来啤酒、饮料的，提供蔬菜、水果的，拿来香烟、食品的。而且村民们每天都早来晚归，从无怨言，沙土路两天后终于一改过去的容颜，变成了一条平坦整洁的致富路。

农闲时村民们打麻将已经成为一种习惯，对玩者来讲，用说教效果甚微。高桂苓决定采取另一种思维方式——用村民喜爱的、健康向上的文艺演出的活力和魅力来驱除“麻将屋的引力和魔力”。她自掏腰包 3 万元购置了秧歌服、音响、乐器，还自编歌舞、快板、表演唱、朗诵诗等，以村委会文化室为基地，大力排演积极向上、喜闻乐见的文艺节目，吸引全村男女老少来观看。为了扩大影响，她们还经常到其他村落演出，红红火火的节目让邻里之间愈加和睦，致富之花越开越艳，正能量不断发热发光。可她并没有满足，又把眼光放到养殖合作社、羊鼻子岭蜂产品等致富项目上来。

五年来，高桂苓在绘画方面有了诸多斩获。2013 年凭《鱼米之乡》获长春市农民画一等奖。2014 年在由中国文联、国家新闻出版广电总局主办的第三届东北文化产业“中国梦、我的梦”博览会上，其作品《热吻》获优秀奖，还有一些作品被俄罗斯友人收藏。2017 年在北京举办了个人画展。鉴于她在传承农民画上做出的成绩及建设美丽乡村中发挥的作用，2016 年她被选为九台区人大代表，2017 年被授予“九台好人”“长春好人”称号。

有人说高桂苓成功了，可她并不这样认为。她觉得自己只是在传承农民画方面做出了一些努力，自己在不忘初心、砥砺前行的进程中还有很长的路要走。

新时代的愚公李绍仁

李　爽

李绍仁，1953 年 11 月出生，其塔木镇马场村 9 社主任。他于 1973 年毕业于九台二中，回乡务农的第三个月就担任了生产队的队长。在那个年代，他曾凭着高中生的学历，鹏程万里的志向，脚踏实地的工作作风，仅在队里工作两年就被破格提拔为马场村党支部副书记。怀着对党组织的感恩之情和对集体的奉献精神，他在村里一干就是十多个春秋，可以说他把自己的青春年华全部献给了党，献给了那个波澜壮阔的时代。

1983 年实行联产承包责任制后，镇村职能机构开始精简，他又回到社里担任社主任。从 1997 年到 1999 年，对他来说也许是他人生最低谷的三年。由于当时马场村班子内部矛盾，导致村里工作几乎处于停摆状态。镇村两级党组织要求他临危受命，再次担任马场村村长一职。他上任后，大刀阔斧地办起了村办企业——黄牛育肥项目，发展道路崎岖坎坷，但他从没有消极和气馁，一如既往保持着那份对党的忠诚和对家乡土地的热爱。

马场村地处松花江沿岸，西邻牛头山水库泄洪渠，是土肥水美、物庶民丰的鱼米之乡。但此村三面环水，只有一条通往外地的路径。与三兴、黎明两个村近在咫尺，要出入两地却得绕行几千米路程。河流的阻隔，让周围村屯的人唏嘘不已。

为了解决出入困境，为村民造福，李绍仁思虑再三，心中有了一个大胆的想法，决心在这条河上修一座小型悬桥。他说做就做，每天都奔波于河的两岸，拜访亲属、朋友、同学，以及一些在外地有所成就的企业家，说服他们以争取一些修桥资金。他的举动曾一度遭到冷遇和非议，但他仍持之以恒地努力。历经四个多月的辛勤筹款，最终赢得了各界的支持，终于在 2007 年 11 月建起了一座载重量 4 吨的混凝土钢架桥。

一桥飞架东西，河流变通途。虽说此桥不算多么宏伟壮观，但它却是马场村通往三兴、黎明、解放、三台、上河湾等地的必经之桥，同时也是当地车辆往返于吉舒两地距离最短的主要通道。周边的群众都亲切称此桥为连心桥、慈善桥，称赞李绍仁是新时代的愚公。

自强奋斗成就幸福生活的杨明亮

梁丰富

杨明亮，男，1990 年 2 月出生，回族，中共党员，其塔木镇山前槐村 4 社村民。

山前槐村是其塔木镇少数民族村。说起杨明亮，熟悉他的人都能在他身上感受到一种坚韧不拔的毅力和吃苦耐劳的精神。杨明亮上过初中，个子较高，身体偏瘦，在村子里是小有名气的 90 后小哥。在他饱经沧桑的脸上，一双眼睛透露出对美好生活的向往。他经历过生活的磨难，经历过付出的艰辛，但始终没有向命运低头，硬是凭着自己的一双手干出了一番常人无法想象的事业，实现了脱贫致富的梦想。

杨明亮家里有五口人，父亲曾经患有精神病，母亲患有糖尿病。兄妹三人中，大哥在读大学，姐姐打工挣钱贴补家用，他与父母在家种地。在他上初中的时候，因为家里生活较为困难，他没读完初中，就回家参加生产劳动。一年下来，家里仅靠种地，没有其他经济来源，很难支撑起这个家。父母的病需要用钱，读大学的哥哥需要用钱。杨明亮心里想，光靠种地不是办法，于是在朋友介绍下，他养了几头牛，整天放牛、割草、喂牛，日子开始慢慢出现好转。但是因为父母身体状况不佳，生活仍过得捉襟见肘。父亲的病经过长期细心的治疗，病情基本得到了控制，但是母亲的病却日益严重，家中开销日渐增多，家里的生活还是陷入了窘境。

生活给杨明亮带来了一次次的考验和磨难，他不服软，不低头，迎难而上，用剩余的积蓄在家经营起玉米面条加工生意。他起早贪黑，风里来，雨里走，一年又一年。他的坚持，让自己的生活又迎来新的春天，家里开始慢慢有了积蓄，杨明亮干事创业的劲头也更足更强了，对生活有了新的希望和憧憬。就这样几年下来，他家盖起了最好的砖瓦房，敞亮大方，村里人都说杨明亮的房子盖得好。

不过好景不长，杨明亮正在为自己的日子有好转高兴的时候，母亲的病情却传来噩耗，花光了积蓄，欠了外债，也没能挽回母亲的生命，沉重的生活负担简直压得他喘不过气来。但是，杨明亮依然满怀着对未来生活的憧憬，变消极为积极，变被动为主动，决定再甩开膀子大干一场，多养几头牛。

峰回路转，杨明亮靠着信念和勤奋，生活逐渐富裕起来了。他不仅有了自己的家庭，还为黄牛盖起了暖棚，新买进的两头奶牛，一年四季卖鲜奶，每年都有稳定可观的收入。如今，他的脑海装着勤劳致富的梦想，靠勤劳的双手和智慧的头脑终于品尝到了成功的喜悦，过上了幸福的日子。

满怀深情助脱贫的杨连成

李成旭

杨连成，男，汉族，1976年出生于其塔木镇张大村，现任吉林省树成网络工程有限公司董事长，张大村第一村长。

杨连成是其塔木镇张大村走出的一位农民企业家，他凭着高昂的创业激情和非凡的创新能力，白手起家，经过多年的打拼和艰苦创业，在银川成立宁夏树诚实业有限公司。他积极倡导“勇于负责、缔造巅峰”的企业理念，大力推动企业发展，同时注重担当社会责任。他致富不忘回报社会，热心公益，大爱无疆。他坚持为家乡做好事，成立了张大村村级林场，投资几百万元发展林下种植、养殖业项目，已成为其塔木镇竞相学习的新标杆，得到当地群众的广泛赞誉。他用实际行动谱写了扶贫济困、善行乡里的新篇章。

杨连成是一个地地道道的农家子弟。从小杨连成的父母就告诉他，读书可以改变命运。所以，他刻苦学习，努力走出大山。1996年他以优异的成绩毕业于长春市机械工业学校，随后进入长春市空气压缩机厂工作。可是好景不长，2000年他下岗了。面对生活的变故，他并没有气馁，在寻找适合自己工作的同时，他发现长春的民营公司遍地开花，有很多人也是白手起家然后逐步发展壮大，他想我为什么就不能像他们一样办一个企业呢？他萌发了自己办公司的念头，通过多种途径进行市场调查，最终将自己的创业项目锁定在网络工程上。2005年，他成立了吉林省树成网络工程有限公司，走出了开办公司、创业发展的第一步。通过他的悉心经营，充分发挥劳动力资源优势，抓住国家大力支持扶持网络工程的机遇，用好各项优惠政策，内抓管理，外拓市场，公司实现了跨越式发展。2009 年，在银川成立宁夏树诚实业有限公司。

公司发展了，杨连成致富了，他回报家乡的愿望越来越强烈。过去有这份心，却无这份力。现在有了这个能力，虽然公司资金也不十分充裕，但感恩要趁早，一定要找机会回报家乡。杨连成常说，没有党和政府以及社会各界的支持，没有家乡人们的帮助，就没有树成公司，也没有我杨连成的今天。2015 年杨连成被其塔木镇政府聘用为张大村第一村长。虽然公司很忙，但他仍然肩负起一名村长的责任，走村入户，了解村民的生活现状，为村民寻找符合本村发展的致富项目。为了把发展思路和经验用到家乡发展上，2016 年，杨连成依托张大村的地理优势，结合村集体经济发展和清产核资成果，整合资源，充分利用已清收回的林地、林带，创办成立张大村村级林场。由杨连成出资，村集体、贫困户两方入股，形成“公司＋村集体＋农户”的经营模式。鼓励贫困户以自有林地入股，使贫困户变成股民。同时，在用工上优先考虑贫困户，让他们既在林场打工挣钱，又按股分红，从而实现脱贫致富。杨连成还出资几百万元发展林下种植、养殖业项目，使家乡脱贫致富踏上了新的征程。

杨连成，一个从山沟里走出的农民企业家，以农民的质朴、以现代企业家的胸怀，致富不忘家乡，大手笔回报社会。他真正做到了在发展企业中做善事，在不断公益行善中发展企业，两者都丰收。杨连成致富后回报家乡的义举，受到家乡人民的广泛赞誉。

黎明村于希发义务修路

岳永国

黎明村位于九台区其塔木镇东北部，松花江西岸，距其塔木镇政府10千米。黎明村东与吉林地区舒兰市白旗镇八棵树村隔江相望，西与三兴村毗邻，南与马场村相连，北与上河湾镇大卜村接壤。全村辖5个自然屯，10个村民小组，总人口3 189人。

于希发是黎明村的一名村民。如今，他不仅是黎明村第一村长、九台区人大代表，更是党员致富能人，在爱达养老院不断发展壮大的同时，积极投身公益事业，回报社会。

在通往村上的“解放村至黎明村”路段，路面状况差，多处破损，坑洼不平，给出行的村民和车辆带来极大的困扰。每当走在这条路上的时候，于希发看在眼里，急在心里，寻思着一定要解决这里出行难的问题。于是，他自掏腰包数万元，雇挖掘机和运输车，拉土和沙石，对该路段进行了维修。虽然不能从根本上解决道路问题，但却解决了群众出行燃眉之急。于希发说，如果以后这些路再次损毁，自己还会义务为大家维修。

仓廪实而知礼节。于希发的爱心善行为我们树立了榜样。也正是于希发他们用感人事迹，丰富了其塔木的好人文化，营造了人人学好人、人人争做好人的浓厚氛围。当好人文化能够感染每一个人，那么，“好人”就不再会是“盆景”，而会成为最美的风景。

普通而高尚的好儿媳关艳华

范星彤　王佳琪

关艳华，1966 年 7 月出生，初中文化，其塔木镇其塔木村五社村民。她孝敬老人、任劳任怨、善良朴实、自强不息。她的家庭故事，见证了“妇女能顶半边天”的信念，街坊邻居都夸赞她是个女强人、好儿媳。

关艳华的丈夫十年前在外地打工，不幸遭遇车祸，变成植物人。加之家里七十多岁的公公婆婆身体一直不好，只能维持自理。本来就不富裕的家庭，更加难以维持。当丈夫出车祸后，关艳华情绪一度低落，觉得活着没有意义，没有什么盼头，曾有过几次轻生的念头。就在这苦不堪言、无路可走的时候，其塔木村党总支部成员多次来到家里问寒问暖，其塔木镇民政、妇联、街道等单位也多次来到家里，对接帮扶，解决实际问题。关艳华在思想上有了很大的转变，重新拾取了生活的信心。

其塔木街道把关艳华安排在环卫队，她每天兢兢业业，不怕脏不怕累，特别珍惜这份工作。虽然收入不多，但能解决家庭的经济困扰，也给她的精神上有了一个安慰和寄托，靠勤劳工作摆脱了困境。关艳华逢人就说，还是共产党好，是共产党救了我们这个家，我们一家人都不会忘记共产党，不忘记各级政府对我们这一家人的帮助，我要努力工作劳动，回报社会，孝敬公婆。

怀着感恩之心的关艳华，每天微笑着拿起清扫工具，认认真真地把各个道路巷口垃圾清走，为其塔木的清洁默默地奉献自己的辛勤和汗水。每当夕阳西下，回到家里，关艳华先走进公公婆婆的房间，说一声“我回来了，爸、妈，你们吃药没有？腿还痛不？胃好了吗？”。看到衣服破了，就说：“明天我用卖废铁钱给你换一件吧！天气凉了，用我卖鸡蛋钱给你买个棉服吧！”家里每一件小事都挂在她心上，下班后就在家里忙个不停，给丈夫换尿布、倒脏水、烧水吃药等，日复一日，年复一年。关艳华面对着镜子看一眼，好多皱纹已爬上了眉梢。她常说：“只要我家过得好，公婆身体好，再苦再累，我的心永远是暖的，我会把我的全部爱奉献给这个社会，献给关爱我、支持我的人。”

正如习近平总书记说的“普通人最伟大”。关艳华虽然是其塔木镇五万人口中普普通通的一员，但她却用自己的平凡见证了普通人的高尚和伟大。如果大家都能有关艳华身上那种不向生活低头的姿态，多一份感恩之心，多一份孝心，我们的家庭会更和谐、更幸福，我们其塔木的天空会更蓝，我们的生活就会更美好、更满足。

张海峰诊所开展爱心义诊

况伟峰

为反哺社会、引领文明新风尚，其塔木镇张海峰口腔诊所着眼于困难群众看病就医难的实际问题，在北山、张大、冯家三个贫困村建档立卡贫困户中开展了爱心公益义诊活动。

这项义诊工作井然有序，医务人员热情周到，详细登记患者信息，认真组织贫困户进行口腔检查。特别是对牙齿有问题的患者，详细告知诊疗意见，并细致确定诊疗方案。同时，诊所还开展回访活动，对参与治疗的人员，由海峰口腔诊所按诊疗顺序逐一回访，确保每一个修复体正常使用。

据了解，张海峰口腔诊所成立于 2008 年，多年来凭借精湛的技术为广大牙病患者热心服务。该诊所秉承积厚德、存正心、乐敬业、诚为本的经营理念，为患者解除疾患的同时，对生活困难的人群优惠或减免诊疗费用，受到广大患者和群众的好评。

“三带一保”出成效的北山村第一书记苏钢

曲志强

北山村位于九台区其塔木镇北部，距镇区 3 千米，面积 10 平方千米，有 10 个自然屯，15 个村民小组，1 022 户 3 831 人。村党总支下设 3 个党支部，有党员 44 名。全村山地丘陵地貌特征明显，是典型的半山区村。村内资源相对匮乏，加之产业结构单一，群众增收渠道狭窄，是东北地区的典型贫困村。2017 年 3 月，苏钢被长春市委组织部派往北山村担任驻村第一书记。在长春市委组织部的领导和支持下，苏钢按照“三带一保”扶贫方式开展包保帮扶。两年来，帮扶工作成效明显，产业项目投入达到 600 多万元，基础设施投入达到 1 400 多万元。全村人均收入从 2015 年的 10 754 元增加到 2018 年的 13 747 元，北山村实现了稳定脱贫“摘帽”。

一是强化党建带脱贫。苏钢到村的第一天就深入各屯各户进行了走访调研。苏钢看到北山村原来划分党组织是以区域为主，党组织缺乏吸引力组织活动难、与党员利益关联度不高活力激发难、党组织功能不明晰发挥作用难，因此就决定打破以往在村屯设置党小组的传统做法，将党支部建在产业链上。将全村 44 名党员按照行业分别归类，成立 3 个党支部，组织从事同类产业或特长相近党员一起开展组织活动，共同谋划产业项目发展。他积极组织村干部学习习近平新时代中国特色社会主义理论，利用主题党日开展“两学一做”学习教育活动，定期召开组织生活会查找短板不足，促使村干部进一步转变思想观念，强化责任意识，不断增强村班子的战斗力和凝聚力。他还注重加强制度建设，解决落实不力问题，围绕村级组织规范化建设 12 条标准，组织村干部逐条对照检查，查找制约支部规范化建设的主要因素，制定完善了村党组织组织制度、学习制度、生活制度、工作制度等，不断推进村党组织规范化建设。

过去的北山村由于发展滞后，老村部被抵了债。苏钢及前任第一书记协调各级组织累计投入 70 万元打造“社区化”村部，协调相关部门配套援建了电子阅览室、妇女儿童之家、农民工之家、文体活动广场、党建文化长廊和扶贫超市等，村级阵地综合服务功能明显提升。

二是发展项目带脱贫。苏钢通过深入挖掘北山村山区资源，变劣势为优势，努力在经济产业项目上求突破。他把着力点放在发展棚模种植、特色养殖、土特产品加工等产业项目，吸纳农户广泛参与。在发展村集体扶贫项目的同时，让贫困户也通过入股、分红、劳动等途径实现增收。他协调 50 万元，由村党组织牵头在村集体山地种植榛子树苗 4.5 万棵，樟子松、云杉树苗 20 万棵，党建扶贫林树苗作为贫困户入股股本，由 3 名村干部负责经营管理，贫困户可优先在扶贫林打工。扶贫林达效后可实现年利润 50 万元，每年收益村集体与贫困户按 4∶6 分成，全村贫困户年平均分红收益 2 000 元左右。

他协调扶贫专项资金 140 万元，分两期建设 9 栋大棚。采取“村党组织＋党员合作社＋贫困户”的方式运营管理，主要种植葡萄、草莓、樱桃等品种，丰富全镇的果盘子和菜篮子。党群致富创业园由村集体承建，发包给党员大户经营，贫困户可优先在创业园打工。创业园每年为村集体创造利润 10 万元左右，每户贫困户可平均分红 1 000 元。结合旅游资源优势，他协调包保单位建设了集采摘、餐饮、住宿及娱乐于一体的乡村休闲农家乐项目，为前来观光旅游的客人提供休闲服务，形成了北山村发展农村休闲旅游产业的雏形。乡村农家乐项目每年为村集体创收 3 万元，收益全部给贫困户分红。

三是打造品牌带脱贫。为了提高产业项目的知名度，提升项目产品的品牌价值，苏钢带领北山村班子对扶贫项目产品进行注册，依托村里返乡创业青年党员建设的电商平台，把扶贫项目产品打包在线上进行销售，在实现扩大品牌知名度的同时提高产品经济效益。苏钢在市委组织部的帮助下，协调投资 90 万元建设北山村农副产品加工厂，依托山区的资源优势，开发本地水果、食用菌、山野菜、杂粮等 50 余种土特产品，注册“北大山”商标，把部分产品打进实体超市，实现在线上与线下同步捆绑销售，每年可为村集体上缴利润 5.5 万元，80%利润用于贫困户分红增收。依托村里党员养殖大户，合作建设了生态鹅养殖基地，在扶持党员大户发展生态鹅养殖业的同时，为全村贫困户代养 3 000 只绿色生态鹅，代养生态鹅收益为 6 万元，全部为本村贫困户进行分红。

针对农村留守妇女比较多，缺少致富技能和增收途径的实际，苏钢积极协调举办留守妇女草编培训班，并成立草编协会，让留守妇女采取散做统收、线上销售的方式实现增收，平均每个留守妇女在农闲时节做手工草编可增收 3 000 元左右。北山村的草编已被评为“九台礼品”，产品已经通过有关部门认证，远销到欧洲和东南亚等国家。

四是依托政策保脱贫。苏钢结合实际，帮助村民用好用足教育、医疗、助残、养老、低保等各种扶贫政策，做到应保尽保、应享尽享，使贫困户充分享受到政策带来的红利。同时，还研究制定了脱贫公约、村规民约，开展贫困户“星级评定”等活动，有效激发了贫困户内生动力。苏钢协调民政部门投入 200 万元建设北山村居家养老幸福院，建筑面积 1 100 平方米，占地面积 3 000 平方米，预设养老床位 45 个，有效解决北山村贫困孤寡老人的供养问题。协调有关部门投入 50 多万元为 14 户贫困户进行危房改造，市委组织部为 2 户特殊贫困户拨付行政经费 6 万元建设新房。苏钢还经常深入贫困户家中走访慰问，积极为贫困户办理落实低保、大病救助、残疾人保障、子女上学补贴等，解决贫困家庭生活实际困难。苏钢积极争取基础设施改造项目资金，修建 5 千米水泥路、20 千米田间机耕路、1 800 米排水沟渠，打 9 眼深水机井、建 3 座水泥桥，并进行了全村低压电改造、环境卫生整治等，改善了北山村的生产生活条件。

造血式扶贫的张大村第一书记王兴旺

成汉启

王兴旺，长春市科学技术协会科技服务中心副主任。他生在农村、长在农村，对农民有着深厚的感情，对农村工作有着割舍不断的牵挂。2016年，长春市科协党组要选派驻村第一书记，这名从乡镇起步，当过组工干部，兼任过两个软弱涣散村的支部书记，在急难险重任务中打过“攻坚战”、做过“突击手”的干部成了首选。驻村，意味着高龄患病的父亲不能悉心照料，膝下5岁的幼子不能时时教育。他说：“任务艰巨，我有基层经历，我有困难，大家也有，请党组织放心。”就这样，他奔赴了脱贫攻坚的最前线，到其塔木镇张大村任驻村第一书记。

一是深入调研，挖“穷根”寻“富路”。到了村里，放下背包，他就带领着村委会一班人逐户逐人走访。他告诉自己，要多访、多问、多听、多看、多想。就这样，每一户、每一人的画像在心里逐渐清晰了起来，同时，他对张大村的自然生态、人文风俗、资源特点做起了功课，相信一定能够从中找到制约发展和利于发展的辩证规律。走访中，他听有的村民说，山里有条“神水沟儿”，早年村里有人生病，家人就去求水治病。他对这样一条看似不起眼的“闲话”用了心思，找到了“神水沟儿”采了水样，送到专业部门去检测。检测结果让大家喜出望外，水中含有丰富的“锶”元素，“神水”在科学的面前被掀开了神秘的面纱，村民见识到了大自然对张大村的宝贵馈赠。他马不停蹄地找到了专家咨询。专家告诉他们，这个高锶含量水非常稀有，张大村可以充分运用这一特有资源做大文章。随着调查研究逐渐深入，他的腿勤、脑勤开始有了收获，全村的整体情况了然于胸，村民的自然情况记在了心中。要跳出张大看张大，把张大村的发展放在全区、全市，乃至全省、全国的范围内去谋划，找到符合张大自身特点的比较优势和特色之路。同时，转变思想、学会技能，又是解决人的因素的两个关键环节。带着调研收获，他向市科协党组和镇党委做了详细汇报。随后，市科协与区、镇共同组织召开贫困户大会和村民代表大会商讨发展思路。经过深入研究，大家在发展科技含量高、示范带动强、收益稳定且适合产业化扩张的扶贫项目方面达成了共识，确定了“科技引导、因地制宜，广泛参与、授人以渔、规范运行、长远发展”的“造血式”扶贫工作思路。

二是抓党建，扶出了“志”和“智”。他深刻认识到，“群众富不富，关键看支部”，党建工作是扶贫工作的灵魂，要充分发挥党组织在脱贫攻坚中的决定性作用，当好“领头雁”。科协党组成员多次到村里讲党课、讲政策、讲发展；争取党费资金维修村部，购置办公桌椅，进一步改善了党员活动阵地环境；开展优秀党员表彰、贫困党员慰问、特困党员救助、创业党员服务等活动，增强党员的归属感和荣誉感，村级党组织的“三会一课”等组织生活呈现出生动活泼的氛围。特别是十九大召开后，成立了“新时代传习所”，由宣讲团将习近平新时代中国特色社会主义思想及时传递到基层党组织。

他带领村班子、村民代表到省内外发展较好的镇、村学习考察。通过对标先进，学习先进，看到与自己条件相仿的村子、农民致富的路子和做法，大家内心深受震动。村民代表纷纷表示他们能做到的，我们也不差啥！村民们破穷奔富、脱贫致富的主观愿望被激发调动起来，下定了决心，坚定了信心，要和干部一起干。通过开展组织活动，党员干部的政策水平、眼界思路、工作能力显著提升，同时，也带动出一批创业典型，在扶贫工作初期起到了率先垂范的作用。在培育本地典型的同时，他鼓励党员干部，要进一步解放思想，采取“走出去、请进来”的方式，输送本地人才到异地深造，吸引异地人才来张大村投资兴业共同发展。

三是科技引领致富路，生态循环添亮色。科技是项目发展、产业兴旺的根。注重科技、依靠科技，因地制宜地科学定位产业发展方向至关重要。面对复杂的市场环境，他运用科协人才优势和招商引资工作的经验，立足村情，提供了多种切实可行的项目方案。他向镇党委和市科协汇报项目方案，镇党委协助申请发改委扶贫专项资金 80 万元，科协决定压缩本单位开支，结余 100 万元资金，共同建成张大村富有科技内涵的标准化养牛场和三栋温室，并采取目标管理的方式。2016 年当年就为每名贫困群众分红 800 元，村集体增收 5 万元。

秸秆焚烧带来的环境污染和火灾隐患，是当前农村亟待解决的问题。他在市科协所属学会的技术支持下，探索张大村玉米秸秆“饲料化”“肥料化”和“基料化”，推动“玉米秸秆膨化饲料”“生物菌有机肥”和“赤松茸菌基”等项目建设。通过不懈努力，以秸秆转化利用为纽带，逐步形成了“秸秆→膨化（青贮）饲料→养殖业→粪肥转化→有机肥还田→有机农业”的生态农业循环产业链，守住生态环境底线，实现了变废为宝的转换，为扶贫产业增添了生命力。

他与创业典型杨连成多次考察后，于 2016 年底引进赤松茸的种植项目，先后在温室、林下、田间试种，均取得成功。他们探索出的以秸秆培育菌基的技术，降低了生产成本，实现了增收。尤其令人振奋的是，张大村种植的赤松茸被鉴定为“富锶赤松茸”，锶的含量令人兴奋不已。接下来他们还将依托高校技术，继续研发“富锶山珍系列”“富锶果蔬系列”“富锶肉蛋奶系列”等功能型农副产品，让张大村的传统农业提升品质、走向国际市场，成了全体村民的热切期盼。

为了改变传统的产业结构，他带领村干部到黑龙江取经，学会了利用种植业搞生态养殖的“玉米田间养鹅”项目。鹅在田间放养，采食玉米老叶、须根和杂草，可降低喂养成本和除草剂使用量，有助于作物通风、采光、扎深根，减少病虫害的发生，提高作物产量。大鹅在田间行走施肥，化肥投放逐年递减至零投放，3～5 年可改良为有机土地。玉米田间放养的鹅不但降低了农残、改良了土壤，还增加了鹅的运动量，提高了肉品质，最终实现肉品和农作物绿色、有机标准。2018 年，在市、区级包保领导的支持下，一座现代化的家禽孵化场在张大村建成并投入使用。28 公顷养殖区和青贮饲料收割加工设备一应俱全，用专业技术实现了孵化、脱瘟、无抗养殖、产品深加工、熟食休闲食品研发的“种、养、加”产业格局。现在鹅产品已成功进入城镇超市，填补了吉林省“白条鹅”规范化产品的空白。

摆脱贫困是初级目标，小康路上一个都不能少才是努力的方向，提升“造血”功能是富起来的关键。他制定了“乡土人才培养计划”，探索建立了“公司＋创业典型＋贫困户”的产业带富模式，在张大村成立“农村实用技术推广站”，充分利用科协的科技人才优势，结合当前项目的专业技术，培养一批乡土型专业人才来巩固扶贫成果。为使贫困户广泛参与扶贫项目，他带领村委会因户因人施策，采取就业脱贫一批、项目扶持一批、土地流转一批，教育援助一批、兜底保障一批的五批模式，根据实际情况精准对接，最终实现变“输血”为“造血”。

两年多的时间，“造血”式扶贫初见成效，生态循环经济产业规模进入扩张阶段，村集体经济实力与扶贫收益同步提升。2016 年项目增收 13 万元，村集体增收 5 万元，贫困人口人均增收 800 元。2017 年项目增收 26 万元，村集体增收 10 万元，贫困人口人均增收 1 300 元。40 户 86 人实现脱贫，贫困人口发生率降到 0.82%。完成 7 户危房改造，建设保障性住房 4 栋。2017 年底，经区扶贫办考核，张大村符合退出标准，成功脱贫出列。

热心公益事业的董事长张松

高莹莹

吉林省五洲集团是集房地产开发、旅游业、林业、农业项目开发、土特产生产加工等多行业在内的实业公司。五洲集团在其塔木镇的房地产开发项目，累计投资20多亿元。从2011年9月正式开工建设，项目占地面积33万平方米，已完成住宅小区1、2、3期建设；同时建有五洲商城，面积为5万平方米。五洲集团致力于培育出三次产业联动，生产、生态、生活共融，宜居、宜业、宜游的新产业，以新产业、新业态培育新的消费群体，激发新的消费需求。多年来，五洲集团全面配合其塔木镇党委政府推行的各项经济措施，用创新精神努力搭建经济、商贸、社区功能等综合业态的发展平台，为其塔木镇的经济发展做出了重要贡献。

为了让贫困户过上温暖的冬天，促进脱贫攻坚工作的深入扎实开展，2018年1月17日，吉林省五洲集团到其塔木镇走访慰问贫困家庭，为他们送去温暖和关怀。五洲集团董事长张松带领企业员工，走进其塔木镇冯家村和成家村，对部分贫困户开展精准扶贫村企对接。他每到一户都与贫困户进行亲切的交谈，详细了解他们的生活和身体情况，及生活中还有哪些实际困难。并送去大米、白面、豆油等慰问品。他鼓励贫困户要对生活充满信心，结合其塔木镇脱贫公约，争取早日实现脱贫，过一个幸福祥和的新春佳节。

走访慰问后，五洲集团董事长张松表示，五洲集团今后会长期帮助扶持这些贫困家庭，积极响应九台区委、区政府号召，履行企业社会责任，一如既往助力精准扶贫。同时希望通过五洲集团的善行，带动更多的企业家和爱心人士参与到扶贫工作中来，帮助更多的贫困家庭。

据了解，吉林省五洲集团自 2011 年入驻其塔木镇以来，在助力地方经济发展的同时，不忘履行社会责任，持续关注其塔木镇各项公益事业发展。多年来，累计投入教育、扶贫、慈善、文化等公益事业善款达 120 余万元，支持其塔木镇实施精准扶贫项目和措施，积极践行社会责任，为脱贫攻坚贡献了力量。

百姓心声篇

【其塔木之歌】

一个老农民的实诚话

魏家胜

我是其塔木镇北山村一个老农民，今年 68 岁了。在改革开放前，我曾当过十多年生产队长，满怀激情地领导社员大干社会主义。当时，国家底子薄、国力弱、有内忧、有外患，在困难的条件下生产生活都有了很大发展。那时有些生产队干活大帮哄，出工不出力。生产工具是弯钩犁、弯勾刀，小草用锄头铲，大草用手薅。部分群众吃粮靠返销，生活困难靠救济，谁都没有钱，当干部的也为难。

十一届三中全会以后，邓小平领导国家实行改革开放的政策，农村发生了巨大变化。又经过几代党的领导人承前启后、继往开来的深化改革，才有了今天的大好局面。天变地变人也变，处处都在变。我这里专门说一说我们其塔木镇改革开放后的巨大变化。

改革开放以来，党中央注重“三农”建设。如今，农村、农业、农民的状况都发生了翻天覆地的变化。家家户户都住上宽敞明亮的砖瓦房，水泥路修到家门口，各河道都有钢筋水泥桥。原来的一座土坯房住好几户，现在漂亮的瓦房还有空闲。种地实现了机械化，粮食产量比生产队时翻了好几番。年轻农民出外挣钱，年老的在家享轻闲，弄桌好菜喝小酒，谈笑风生说天地。广场去跳舞，秧歌扭得欢，唱歌颂党恩，生活乐悠悠，能多活好几年。

再从饮食上说，大米白面家常饭，想吃粗粮是改善。冰箱冰柜装的满，来人来客不费难。刹那之间多道菜，喝得脸膛红灿灿。同说现在日子好，共同对党来夸赞。

上年纪的老人都说，现在种地不交税，还给直补钱，年老也给钱。稍微贫困一点的人家，帮扶物资送到家，还有扶贫款，治病还有报销款，真是从古到今都少见。现在是家家有存款，户户有余粮，孩子上学坐校车，合作医疗有报销，大病救助不用自己掏腰包。

特别是以习近平同志为核心的党中央，确定了中国特色社会主义新时期的总任务和远大目标。反腐倡廉，精准扶贫，实行乡村振兴战略，小康路上一个都不能少，使我们信心倍增，干劲十足。我们其塔木人民的生活一定会更加美好，我们伟大的祖国一定会更加繁荣富强。

成家村生产生活呈现新面貌

成汉波

成家村在其塔木镇西北 3.5 千米处，面积 12.81 平方千米，有 10 个自然屯，13 个社，746 户，2 734 人。改革开放 40 年来，成家村发生了翻天覆地的新变化。

改革开放前，人们居住条件较差。各家基本全是土坯草房，几乎没有院墙，都是用秸秆夹成杖子，用以挡住畜禽祸害庄稼。生活稍微富裕一点的农户，在房的前面贴上砖，以示美观。用土垒成院墙，这是上等人家。至于家具，有一个炕柜，一对黄箱子，就已经心满意足了。现在基本全部新建了宽敞明亮的砖瓦结构房，还有两户建起了二层小楼。人均住房面积从改革开放前的 10 多平方米，提高到了 30 多平方米，并且舒适宜居，室内家具齐全，炕柜、立柜、沙发、茶几应有尽有。

有些农户由于生活水平的提高，已不满足于住平房，全村进城购楼产的 267 户，在其塔木镇购置楼房单元 78 套，共计 345 套。在城镇购楼房的户数约占总户数的 46.2%，将近有半数的人家在城镇购买了楼房单元。有的屯购房量达半数以上。

改革开放前，村里农户做饭是用大锅土灶，用农作物秸秆作燃料。现在农民做饭，用液化气、电饭煲、电炒锅、电磁炉、高压锅等现代炊具。

20 世纪 80 年代，黑白电视走进千家万户，后又逐渐被显像管彩电取代。由于人们生活水平的不断提升，当前显像管彩电已退出历史舞台，液晶电视已实现全覆盖。过去的普通手机已经被人们淘汰，智能手机户户都有，视频聊天，购物查资料，还可购买车船票和飞机票，网上支付，方便快捷、省时省力。本村现有智能手机1 906 部，很多人家有电脑，全村年付话费约 13 万元，高科技发展给百姓生活常来了实实在在的方便。

改革开放前，本村村民出行基本骑自行车，还有不少人徒步出行。现在本村共有轿车 62 台、摩托车 451 台、电动三轮车 98 台，人们外出没有步行的，除少数不会骑摩托车的老年人外，一般出行都用摩托车、电动车和轿车代步。

随着农民物质生活的提高，激发了人们向学求学的愿望，增加了对知识的渴望，看书、看报、学科学知识的人多了。现在全村高考升学率逐年上升，每年高考学生人数不低于 15 人。

改革开放前，耕地完全靠马、牛等畜力完成，以后逐步发展成手扶式拖拉机和四轮拖拉机代耕。现在手扶式拖拉机和四轮车全部退出历史舞台，完全用大型农业机械悬耕机耕作，即省时，又有劲，土壤粉碎性好，便于播种、插秧。过去种地靠人工播种，现在基本靠机械播种。水田插秧也靠机械完成，缩短了作业时间，增加了作物生长期，粮食产量得到提高。

本村现有悬耕机 51 台、水稻插秧机 19 台、玉米播种机 52 台、水稻收割机 7 台、玉米收割机 12 台、玉米脱粒机 13 台、大中小型货车 18 台、抓勾机 1 台。四轮车、手扶式拖拉机及三轮车，几乎户均 1 台，用于短途运输。

本村共有村路 1 450 米，改革开放前全是砂石路，凹凸不平，遇雨天路面积水。现已完全修成水泥路，并在张大村通往其塔木大河上架起了三座钢筋混凝土桥梁，晴天雨天都畅通无阻。

本村有屯路 4 千米。改革开放前全是土路，现由政府投资修成水泥路，部分小路已铺成砂石路，为以后修水泥路奠定了基础。水泥路铺到农户门口，为出行创造了条件。

改革开放前，本村的农田进出路，高低不平，宽窄不一，农用机械进出困难。现由政府投资，为本村修建了标准砂石路，并修建农田作业路桥两处，方便了农田作业车进出。

本村每个水田社有水渠 5 100 多米，过去每年春季水库放水前，都要组织人工清理水渠淤泥，有时水渠决口，浪费水资源。现已全部用水泥板砌齐，渠里不长草，水流畅通无阻。

改革开放前林地集体管理，山岭无树、植被光秃，遇雨季水土流失，生态遭到破坏。改革开放后将林地承包到户，植树造林 11 公顷。本村的村路两侧已植树 5 500 米，植树面积 44 000 平方米，预计近两年内可达到村路植树全覆盖。

随着土地流转进程的加快，本村现有农业合作社和家庭农场 41 个，有 36%的农户将土地转包出去。他们大多数在城里有固定的工作，已经很好地融入城市中，过着和城里人一样的生活。

新型农村合作医疗工作刚开始时，有些人认识不足，参保率只有 60%左右。实践证明，这项政策使百姓受益匪浅，尤其是大病患者，获得了实实在在的帮助。近几年合作医疗参保人数逐年上升，目前已达到全覆盖。即使有些人常年在外务工，也买了各种保险。新农保已惠及 80%以上的村民，年龄 60 周岁以上的老人，每月都能领到不低于 105 元的老年补助金，减少了家庭负担，增进了家庭幸福感。

改革开放前，本村村民茶余饭后及农闲时节，很大一部分人三五成群，聚在一起打扑克、玩麻将。近年来，上级政府拨款在村委会修建了 1 000 平方米的文化广场，设置了健身器材 6 套，并设置有篮球场和象棋桌，群众业余时间有了活动场所，除了有扭秧歌、歌咏活动，还有各种健身活动。

改革开放前，哪家能有 1 000 元存款，就算富户了。现在本村一般人家存款都在 5 位数以上，6 位数存款户已不在少数，甚至还有 7 位数即上百万的存款户。

改革开放前，每逢春节前后，总有一些农户仓房被盗。现在由于人们生活水平的提升，即使是不锁仓房门，也无失盗现象。过去村里有大型文化娱乐活动时，免不了要出现打斗伤人问题。近年来通过打黑除恶，人们法治认识提高，社会秩序明显好转。现在即使是演几天戏，也没有滋事、扒窃现象，人们外出有了安全感。

改革开放前，本村几乎没有 90 周岁以上老人，80 周岁以上的老人寥寥无几，现在 90 周岁以上的老人数量每年都在递增。

改革开放前，村干部基本上是上级任命，现在实行民选村干部，实行村民自治，重大事项必须通过村民代表大会表决，没有暗箱操作。村干部的工作作风改善了，逐渐向服务型方向发展。

1997 年，本村人均收入在 1 600 元左右，到 2017 年底人均收入已高达 11 700 元。村内原有低保户最多时达 67 户，近年来党委和政府加大了扶贫力度，2017 年已减少至 23 户，预计在两年内全部脱贫。

改革开放 40 年，成家村百姓生活发生了翻天覆地的变化，物质文明和精神文明建设双丰收，这些都得益于党的富民政策。我们老百姓深信，在以习近平同志为核心的党中央英明领导下，在其塔木镇政府的领导和组织下，成家村的明天会更美好！

40 年的生活变迁

蔡正环

2018 年是改革开放 40 周年，作为 60 后，我亲历了改革开放 40 年的变化历程。

我是其塔木镇红旗村农民，朝鲜族。记得 1977 年时，我还在莽卡大队小学一年级读书。那时，莽卡九队家家住草房，我穿着打补丁的衣服，步行和小伙伴们去上学。因为家里穷，中午不带饭，就只能饿着。每天上学都路过供销社，虽然供销社里有饼干和麻花，但我实在没有钱去买。我爸爸是生产队长，由于家里没有钟表，生产队出工时我上学，都不知道准确时间。秋天生产队开支了，爸爸告诉我，放学时候多到供销社看看，什么时候有挂钟我家就买一台。从那天起，我几乎每天放学都去供销社看看有没有挂钟。一个月后，我已经不抱太大希望了。直到有一天我刚迈进供销社大门，经理就大声喊我："快回去告诉你爸，挂钟到了，这次就进来三台。"我一路小跑，气喘吁吁地回到家，进院就大声喊："供销社进挂钟了，就三台，快去买吧！"妈妈从柜里找出节衣缩食节省下来的几张十元钞票，快步去供销社买回了一台白山牌挂钟，当时花了 35 元，相当于一个职工一个月的工资。

为了能改善生活，第二年我家搬到了其塔木公社红旗大队十六生产队。有一年初春，我和一个同学步行十多里去其塔木街里。走到供销社副食商店，看到货柜里摆着橙色的圆圆的水果，售货员说那叫橘子。出于好奇，我拿出兜里仅有的三毛钱买了六个橘子，走到半路实在没忍住拿出一个剥了皮，一人分一瓣，尝尝是什么味道。掰下一小瓣放嘴里一嚼，又酸又涩，实在咽不下去就吐了出来，把剩下的几瓣扔到了路边。后来我的姐姐和妹妹也一直认为橘子不好吃。直到几年后才吃到了甜橘子。

1978 年 12 月，我们党在北京召开了十一届三中全会。全会明确指出党在新时期的历史任务是把中国建设成为社会主义现代化强国，开始实行对内改革、对外开放的政策，揭开了国家改革开放的序幕。1982 年 1 月 1 日，中共中央批转《全国农村工作会议纪要》，关于农村工作的 1 号文件正式出台。文件明确指出包产到户、包干到户都是社会主义集体经济的生产责任制。

1982 年春天，其塔木镇开始实行家庭联产承包责任制，我家有了自己的责任田。刚开始分田到户，大伙也发愁，什么都没有怎么种地？后来，在政府的协调下，很多农户去信用社贷款买种子、化肥，春天雇马犁杖翻地，秋天雇马车拉地。农忙的时候学校放“春耕假”“秋收假”，全家不分老少齐上阵，插秧、割地比在生产队的时候干得快多了，谁家落后了大伙就会不约而同带着农具去帮忙，直到把活干完。那一年冬天，其塔木大集非常热闹，街道两边都是售货摊位，上面摆满了小百货、布匹、服装、糖果、饼干、山野菜，旁边还有猪肉、猪头、猪蹄以及鸡、鸭、鹅等农副产品。买年货的人们熙熙攘攘，手里拎着、肩上扛着，满大街都是人，连走路都很拥挤。条件好的村民还买了收音机、手表、缝纫机、自行车、黑白电视机等过去只能羡慕的大件。春节前，我家也买了一台北京牌 14 寸黑白电视机，从此看到了电视节目。

1997 年 9 月，中国共产党第十五次全国代表大会召开。

江泽民主席作了《高举邓小平理论伟大旗帜，把建设中国特色社会主义事业全面推向21世纪》的报告。报告强调，要“长期稳定家庭联产承包责任制，完善统分结合的双层经营体制，逐步壮大集体经济”。1998年8月，第九届全国人大第四次会议通过了修订的《中华人民共和国土地管理法》，第一次将“土地承包经营期限为30年”这个土地政策上升为法律。1997年开始第二轮土地承包工作，土地承包经营期限为30年。土地承包期延长了，农民种粮国家还给补贴，让村民吃了一颗定心丸。有一部分村民把责任田承包给拥有大型农业机械、懂管理、掌握农业技术的种粮大户和家庭农场。很多年轻人进城打工，朝鲜族村民小组的大部分年轻人走出国门去韩国打工挣美元。

随着改革的深入，基层党建和反腐工作深入人心。村委会实行民主选举，村民行使选举权，投票选出自己信任的致富带头人。新建的村舍宽敞明亮，每天都有村干部值班，村民可以随时去村委会办事。政府出资在村民聚居地修建了文化广场，农闲时节人们去广场健身、打球、扭秧歌、跳广场舞，欢声笑语，其乐融融。

改革开放40年，农村发生了翻天覆地的变化，农民过上了小康生活，农业生产走上了机械化、规模化、产业化的道路。乡村学校盖起了新校舍，装上了暖气，冬天再也不会把手脚冻坏。孩子们上学坐上了校车，上下学变得安全、快捷。村民住进了砖瓦新房，通了网络，安装了有线电视，买了摩托车、小汽车。一部分村民住进了镇里的嘉禾小区和五洲社区的住宅楼，过上了城里人的生活。交通四通八达，长途旅行有了更多选择，网上订票方便快捷，乘高铁、坐飞机出游已经不是梦想。过去为吃不饱发愁，现在为吃什么发愁。海鲜、火锅、烧烤想吃就吃。过去结账花现金，现在刷手机。计划经济时期，粮、油、肉、糖、棉、布等日常食品和用品都是凭票供应，现在想买多少就买多少，只有想不到的，没有买不到的。而且，只要在手机上轻轻一点，就可从电子商务平台上购买水果、蔬菜、服装、美食和电子产品，几天时间快递小哥就会给您送到家。在过去，粮食、瓜果、禽蛋产多了愁卖不出去；现在开网店，农户把家乡的土特产卖到了全国各地，网上销售成了农民致富的又一重要途径。

近几年来，其塔木镇党委和政府高度重视党建工作、环境建设、文化建设、精神文明建设，并强化了爱国主义教育。成立了“青年人才学校”，对有理想、有才能、有创业精神的年轻人进行集中系统培训，引导胸怀共产主义理想、信念，愿意带领广大群众致富的优秀人才加入党组织，给党组织输入新鲜血液，壮大党的队伍。为了建设美丽乡村，各村屯修建了垃圾集中存放点，由村清洁队定期把垃圾送到指定地点统一处理。落实“河长制”，让老百姓重新见到了清澈的小河流水。坚持定期举办“优秀共产党员”“其塔木好人”“最美家庭”评优活动，弘扬正气，树立新风。坚持举办“农民文化节”“秧歌大赛”“诗词大赛”等文化娱乐活动，丰富农民群众的文化生活。政府还投入资金维修、扩建了“其塔木烈士陵园”，使其成为省级爱国主义教育基地。

2017 年 10 月，党的十九大在北京召开。习近平总书记在报告中指出，要不忘初心，牢记使命，高举中国特色社会主义伟大旗帜，决胜全面建成小康社会，夺取新时代中国特色社会主义伟大胜利，为实现中华民族伟大复兴的中国梦而不懈奋斗。分两步走，在 21 世纪中叶把我国建成富强民主文明和谐美丽的社会主义现代化强国。可以预见，在中国共产党的正确领导下，我们的祖国一定会更加繁荣富强。我们其塔木的人民也一定会过上更加富足、幸福的生活。

其塔木与共和国同成长

蔡艺瑛

毛主席曾说过，人类的历史，就是一个不断地从必然王国向自由王国发展的历史。中国的发展历程亦是如此。40年对于一个人来说，是人生的半程，而对于一个国家，特别是中国来说，则是发生翻天覆地变化的重要历史阶段。

1978年12月十一届三中全会做出了改革开放的重大决策。从那一刻起全国人民齐心协力，共同开启了历史性的新时期。2018年是改革开放40周年，在这40年间，中国发生了翻天覆地的变化，各行各业飞速发展，科技创新层出不穷，一座座高楼大厦拔地而起，中国历经千辛万苦终于走上了繁荣富强之路。

习近平总书记在党的十九大报告中明确指出："只有社会主义才能救中国，只有改革开放才能发展中国、发展社会主义、发展马克思主义。"正如习近平总书记指出的那样，改革开放使中国一路前行，不仅在世界舞台上站稳了脚步，一跃成为世界第二大经济体，而且在全球经济产出中所占的比例，从1978年的2%升至2018年的15%。今天中国的人均国内生产总值（GDP）按购买力平价计算，已经是40年前的几十倍。"这是人类发展史上最激动人心的例子，"国外经济学家曾这样描述这一"中国奇迹"。

记得爸爸曾给我讲过，在他们小时候，寒冷的冬天要在天还未亮时顶着风雪，步行去其塔木上学。学校为了让教室里暖和，每天早上都会生炉子，滚滚浓烟常常呛得同学们咳嗽起来。那时学生们的桌椅、板凳都是木头做的，较为粗糙，学生们上课时坐着也不舒服。而黑板是由纤维板制成的，每当老师写板书时，总会有粉笔屑掉落下来。坐在前排的学生每每被粉笔灰呛得鼻子不舒服，打起喷嚏。由于路途遥远，又要走着上学，当时也没有保温饭盒，带的午饭都会变凉，就每天跑回家吃饭，再匆匆忙忙跑回学校。当时，麻花只有2角钱，汽水也只有2角钱，对于现在的我们来说2角钱微乎其微，但对于那个年代的家庭来说2角钱是一家人一天的花销。那时红砖还是稀缺的建筑材料，所以人们只能住在土坯房子里。买不起“昂贵”的玻璃，人们用报纸糊窗子。炕上铺着自家编成的草编炕席，睡觉时翻身会吱吱作响。

听妈妈说，她小时候，家里有一个12英寸的黑白电视机。一个屯里只有一两户人家有电视机。每到夜幕降临，吃完晚饭的邻里乡亲们，就会来妈妈家看电视，本来不大的房子里挤满了人，可以用水泄不通来形容。40年前，人们的饭桌上只有简单的土豆、白菜、萝卜等蔬菜。每到秋天，生活在东北的人们，都会囤积一些蔬菜作为冬天的副食。只有逢年过节时，才能到生产队领两三斤肉。人们买粮食要用粮票，买油要用油票，而且它们都是限量供应的，用光了就没有了。新衣服要用布票买了布后，自己回家剪裁缝好才能穿。

改革开放以来，我们其塔木镇在很多方面都发生了很大的变化。现在，孩子们每天坐着校车去上学，用精致的桌椅、先进的电子白板和无尘粉笔，在宽敞、明亮的教室里学习。冬天来临时，同学们身上穿着漂亮的羽绒服来上学，学校里不再烧炉子，开始集中供热，让寒冷的冬季温暖如春。

现今的人们不仅每天都可以吃到新鲜的瓜果蔬菜，还可以通过手机、电脑等网络工具订购自己喜欢的各类商品，甚至能购买到各个国家的商品来满足自己的需求。智能化的发展，使人们的支付方式也发生了巨大改变，现在出门不带现金也可以买到需要的物品，通过微信、支付宝等网络平台进行扫码付款，使人们生活更加便利。以前相距很远的朋友，只能靠书信往来进行联系。后来有了 BB 机和“大哥大”，方便了一些，却也只是有钱人能买得起。现在有了智能手机，身在异乡的人们，通过互联网把思念变成零距离，只要打个电话、发条微信就可以联系想念的亲朋好友，使人们沟通起来更加便捷。智能手机，不仅可以打电话，还可以视频聊天，看新闻了解国家大事，使人们不再孤陋寡闻。从前家家视为珍宝的缝纫机已成了“古董”，现在可以去服装店购买自己喜欢并且适合自己的各种款式的衣服，也可以通过网络平台进行选购。下了订单后，没过几天就可以足不出户签收到快递员送来的快递。如今交通方式也随着改革开放发生了很大的变化，水泥路到农家，公共汽车村村通。小汽车不再是稀缺产品，已经进入农村的家庭，使人们的生活品质更高了。

谁又能想到，短短的 40 年间，其塔木镇竟发生了如此大的变化。家家户户过上了小康生活，许许多多农民住上了楼房，每个人的幸福指数都有显著的提高。曾经落后的小镇，现在竟如此美好且富有活力。40 年的改革开放实践充分证明，改革开放是发展中国特色社会主义的必由之路，是实现中华民族伟大复兴的必由之路。作为新时代的青少年，我们也要拥有自己的理想，为建设祖国奉献出一份微薄之力。在习近平总书记的带领下，奋勇前行，使祖国和我们的小镇有一个更加美好的明天！

从温饱到更有质量的生活

严宝刚

40 年前的一篇《实践是检验真理的唯一标准》发表后，产生了石破天惊般的效应。它的巨大冲击力远不限于学术界和思想界，更是波及政治、经济、文化、社会等各个方面。我的家乡其塔木镇也经历了改革浪潮的洗礼，今天的她以崭新的姿态走在这个高速发展的舞台上。

回首昨天，人们的温饱甚至不能满足。正是改革开放这一项新的政策，给了全中国人民希望，给予了这个国家崭新的发展道路。改革开放，首先给人们解决的是温饱问题，从曾经打招呼问"您吃了吗"，到现在的"早上好"，这不仅仅是一句话的变化，更是一种文化的变革。大家的关注点，从温饱变成了更加有质量的生活。

40 年的时间里，我们身边处处都有看得见、摸得着、感受得到的巨大成就。改革开放现在仍然是中国最大的经济共识，仍然是中国走向新时代的风向标。经过这 40 年的时间，我们已经开始坚信唯有改革开放方能让中国变得更加强大。当然，其塔木人在这场改革开放的浪潮中也在乘风破浪，扬帆起航，紧跟国家的步伐，在富民强国的政策的指引下飞速发展。

改革开放前，代表当时生活水平的四大件是缝纫机、自行车、手表和收音机，有这样四件就已经是很富有的家庭了。自从改革开放后，彩电、冰箱、电话、电脑、手机已经逐渐普及了，甚至有的00后都没有见过缝纫机、收音机。越来越多的人有能力去消费，也有能力去赚更多的钱。而且我们这些日常的消费品也越来越多元化，手机不仅仅可以打电话，彩电也不仅仅可以看电视。每当我看到身边这些现代化的东西，不禁感叹，这40年来其塔木镇的发展太快了。作为一个其塔木人，我深深感到骄傲。

在改革开放以前，我们每个人去街里购物要么走着，要么骑自行车，后来出现了摩托车，但还是有些不方便。现在相当多的家庭买上了汽车，去街里要比40年甚至是10年前方便得多了。如今和孩子开车去外地旅游的时候，忍不住想说一句，现在孩子们的生活是多么的美好啊，同时也希望他们能有一个更好的未来，长大成人后回报家乡。

自从几年前其塔木五洲小区建设以来，作为农村的我们也开始能够体验到城市的生活了。曾经大家住在一个村里，还有些距离，如今上下楼，走两步就能看见。有人说城市的生活让人与人之间的距离拉远了，但我觉得是五洲小区让我们的生活拉近了。曾经用水需要自己在井边打水，如今，只要打开水龙头就有了。快捷方便的生活，让我们对未来有了更好的规划与向往。

“养生之道，常欲小劳”。健身器材的配置，让我们的生活有了更多的乐趣。以前茶余饭后，大家都是坐在院子里谈谈地里的庄稼，如今我们可以在健身器材上一边做着运动，一边谈谈身边的事。正是因为生活变得越来越好，所以我们才能如此安逸地生活。曾经大家担心的都是收成好不好，如今大家关心的事各种各样，有人关心自己的孩子的未来，有人关心自己的生活，总之，收成再也不是生活的全部了。

现在的其塔木人也越来越注重于教育，学校的修建和各项改革措施足以看出政府对学校的重视，对未来的重视。正所谓“少年强则国强，少年独立则国独立”。但这一切都建立在有足够的物质条件的基础上，也正是因为咱们其塔木的富强，所以才会有我们对下一代培养教育的渴望。我们已经清清楚楚地知道，唯有知识才能改变命运。只有掌握知识，才能更好地跟上社会发展的浪潮，才能更好地成就自己，成就国家。

改革开放前，食物匮乏、单调。那时候，我们必须使用粮票来兑换食物，如果能开个荤，便已经是极大的享受。所以在那个时候，每家孩子都在期盼着过年的时候吃一次饺子，尽管并不是那么容易。改革开放后，我们不但能“吃饱”，还能“吃好”，讲究营养均衡、粗细搭配，绿色食品等科学卫生的概念也日益深入人心。有人说，年过得没有年味了，那是因为我们的生活变得越来越好。过年要吃的东西，在平常生活中也能吃到，甚至我们会因为大鱼大肉过于油腻而不吃。人们终于知道了“发胖”是什么样的感受，这正好印证了我们其塔木的发展。

40 年来的努力拼搏，40 年来的辛苦付出，终于换来了今天这美好的生活。如今，我们坚信改革开放是实现社会主义现代化的必然选择，是社会主义发展的根本动力，是我国走向富强的必由之路。

改革开放 40 年的成绩固然值得自豪，但这绝对不是我们自满的理由。我们清清楚楚地知道，这只是中华民族实现历史复兴的第一步，而要赶上和超过世界发达国家，我们要走的路还很长。“行百里者半九十”，唯有坚持和不断探索才是成功之道。相信我们其塔木人会在这条路上不断进步，朝着更美好的方向大步前行。

改革开放赋新篇

孙玉红

时代总是日新月异地发展，其塔木镇虽在边陲，但改革春风同样遍至这里的每一寸土地。其塔木，我为你点赞。

其塔木镇在历史上就是军事重镇、商贸中心、兵家必争之地，显著的区位优势使其成为九台区东部的中心镇。

40 年的时间不过是历史长河中的一滴水，却融尽了其塔木改革开放的潮起潮落，风云激荡，造就了其塔木今日的兴盛。

也就是 40 年前吧，在村落中草房、甚至是土坯房屡见不鲜，而如今司空见惯的楼房，在那时几乎没有。在那个时期，牛奶是一种奢侈品，只有在家境富足的人家才能看到，也只有在除夕，才会品尝香喷喷的红烧肉。在平时难得吃肉，吃了也只是一大锅韭菜炒一块肉。好像也只有大年初一才换新装。特别流行燕舞牌的收录机，哪家有一台，就像现在有一台宝马车似的。自行车那时候叫二轮车，谁家有一辆是很风光的。因为生产力水平不高，物质供应紧张，需要用粮票、布票限制人们的购买力。我陷入沉思，现在又是怎样的呢？

40 年前，谁能想到其塔木会有这么大的变化？一座座大楼拔地而起，家家户户都有彩电、冰箱、电脑，在穿着方面也就更不用愁。人们要吃得健康，科学卫生观念深入人心。人们讲究营养均衡，粗细搭配，口味清淡，要多吃蔬菜水果，少吃高脂肪、高胆固醇的食物。以前用来充饥的野菜、粗粮，如今却成为餐桌上的健康食品。出行方面，出租车招手即停，私家车屡见不鲜，还有一些新型交通工具出现。不仅如此，车多了起来，道路也更平坦更宽阔了。出行方便，旅游变得非常便捷。居住条件有了明显改善，人们居住的选择更多了，有高层住宅区，有复式楼，有花园小区。粮票现在已经成为收藏品，其塔木旧时的模样一去不复返啦。

2000 年，经长春市人民政府批准，其塔木镇被列为“十三五”规划中的小城镇，镇区内 6 平方千米，有行政区、工业区、居民区、商业区（20 000 平方米的农贸市场）。镇区内有全自动自来水设备，日供水 3 000 吨，可满足 6 000 户的居民饮用水和生活用水。镇内设有线电视台 1 个，居民可看 36 个电视台节目。有 4 座中国电信发射塔，3 座中国联通发射塔，有线电话 10 000 部，村村社社通电话，村村社社通水泥路，村村社社晴雨通车。域内的 17 个行政村，九台区公路客运站都设有公交站点。其塔木镇内有多家米业公司，生产的优质大米畅销国内外。

“咱们其塔木平整了水泥路面、取缔了马路市场、新建了商贸中心真是不敢认了。”刚刚探亲回家的其塔木镇“坐地户”这样感叹道。近年来，长春市九台区其塔木镇本着“提升老城区，打造新城区”的宗旨，依托区位优势和商贸基础，全力加快小城镇建设，推进服务业发展，为打造商贸强镇奠定了坚实的基础。

经过近几年的快速发展，其塔木镇定位为“长吉一体化背景下，九台舒兰经济新轴带上具有商贸和生态特色的区域中心小城镇”。2011 年 9 月，引进吉林省五洲集团大型商住项目，项目总投资 10 亿元，占地 33 万平方米，为其塔木镇的发展带来了历史性的重大变化。几年来，其塔木镇加大基础设施建设力度，新镇区共修建水泥路 2 857 米，铺设给排水管线 10 499 米，安装路灯 72 盏，基础设施进一步完善。采取 BOT 融资模式，投资 350 万元实施老镇区排水改造项目。近年来，其塔木镇累计完成松花江浮桥、嘉和小区、吉林省农民收藏博物馆、三岔河护坡工程等各类项目 25 个。

我们再来看看乡村教育的快速发展状况。其塔木中心校校园占地面积 19 343 平方米，全镇有教职工 323 人，111 个教学班，共有学生 1 900 多人。经过多年的努力，办学规模不断扩大，办学条件越来越优越。现在学校设有实验室、图书室、卫生室、微机室、多媒体教室，基本实现了电教设备现代化。随着教育体制的改革，其塔木镇中心校发生了翻天覆地的变化。“团结勤奋、求实向上”的校风，“重质求效、务实创新”的教风和“创新守纪、友爱尊师”的学风已蔚然形成。“以人为本，全面实施素质教育”是我校多年来的办学理念。“对学生进行艺术教育”是我校多年来的办学特色。正因为我校有着良好的校风、校纪、校容、校貌和超前的办学理念及传统的办学特色，使我校在各方面取得了可喜的成绩，受到上级主管部门的好评，同时也被社会、家长及学生所认可。

近几年来，其塔木镇中心校先后被评为长春市办学水平一类一级达标校、长春市艺术教育特色校、长春市小学教师四项基本功训练优秀达标校、长春市小学教师素质教育操作能力达标校、吉林省小学教师四项基本功训练优秀达标校、长春市花园式学校、九台区办学质量先进校、九台区勤工俭学先进校、九台区继续教育先进校和九台区课程改革优秀校。目前，学校内部管理体制改革正在不断向前发展，调动了广大教师的积极性，工作热情十分高涨，他们正在携手共勉，为使学校工作再创辉煌而忘我工作。

时间在指尖飞逝，40 年的光阴让其塔木变得繁荣昌盛。这正是：名镇牛头峻岭，松江渔火寒烟。民风古朴效乡贤，沃土康庄路远。自古皇粮产地，如今岁稔丰年。清廉太守有遗篇，美誉关东盛赞。

我的家乡发生了翻天覆地的变化

魏红岩

我出生在其塔木镇北山村，是一个土生土长的农村娃，今年 40 岁。我的年龄与祖国改革开放的时间相同。随着农村改革开放的不断深入，我的家乡发生了翻天覆地的变化。

回想起不平凡的年代，真是令人难忘。历史伟人邓小平高瞻远瞩，实行对内改革、对外开放的伟大战略，取消成分论，土地分田到户，搞活经济允许一部分人先富起来，激发了农民的积极性，农村经济迅速发展，粮食产量大幅度上升，人民生活水平逐步提高。

江泽民主席提出“三个代表”重要思想，改革开放的浪潮一浪高过一浪，中国特色社会主义道路越走越宽广。胡锦涛主席提出科学发展观，为人民办好事、办实事，取消了上千年的农业税。种地不用交农业税，农民种地还有直补，村村修了水泥路，拆除土坯茅草屋，住上砖瓦结构房，各村农民喜洋洋，生活蒸蒸日上。

习近平主席主持中央工作后大刀阔斧反腐倡廉，老虎苍蝇一起打，人民拍手称快。他特别强调要不忘初心，牢记使命，高举中国特色社会主义伟大旗帜，为实现中华民族伟大复兴的中国梦而不懈努力。在以习近平主席为核心的党中央领导下，我们祖国日益繁荣昌盛，开启了新时代，踏上了新征程。全国人民对将来美好生活更有信心。

随着改革开放的不断深入，我们其塔木已经有了历史性变化。过去，其塔木镇农民住的是土坯茅草房，街道垃圾随处可见。改革开放以来，农民都住上了砖瓦房和楼房，街道整齐清洁，各种公共设施齐全，逐步解决了这些历史遗留下来的脏乱问题，使其塔木面貌焕然一新。

镇党委高度重视党建工作，制定各村党支部每月二十号为党员学习日，使党员的政治觉悟不断提高。还组织开办各种类型的学习班和讲习班，宣传党的十九大精神，使党的方针政策做到家喻户晓，人人皆知。镇政府利用现有资源条件积极招商引资，五洲城在其塔木安家落户，居民楼、商场大厦拔地而起。镇政府注重科学文化教育，大力筹措经费改善教学条件，新建的其塔木中心小学教学楼在省区内名列前茅。其塔木还修建了成多禄文化公园和文化广场，使群众有了休闲娱乐的好地方。每年都举办民间文化艺术展，有书法、诗歌、漫画、剪纸等，丰富了乡村文化生活。特别是其塔木镇敬老院设施齐全，给孤寡老人的晚年生活提供了舒适的生活条件。

北山村以前是个穷地方，现在山清水秀，果树成行，有牛羊大鹅饲养场，有多座温室大棚，里面种植蔬菜瓜果。修建了村部和文化广场，供农闲时村民们唱歌、跳舞、扭秧歌锻炼身体，农民的生活幸福祥和。

我的家乡正发生着日新月异的变化，这一切都归功于党的政策好。我是个年轻人，我要为建设开放其塔木、实力其塔木、美丽其塔木、文化其塔木、幸福其塔木，有一分热发一分光，贡献自己的力量。

其塔木发展变化令我感叹

秦浩文

1978 年改革开放以来，至今整整 40 年。40 年间，人们的生活发生了翻天覆地的变化，不仅表现在物质生活的提高，更表现在生产生活方式，消费观念、思维方式等各个方面。

近年来，其塔木镇不仅经济建设有了很大发展，而且风景区也逐渐增加，例如，最著名的四棱山旅游景点远近闻名。四棱山位于九台区其塔木镇张大村，是吉林省文化名山之一，野生杜鹃花和满族文化项目蜚声省内外。近年来，其塔木镇党委、政府高度重视四棱山生态保护和文化遗产挖掘工作，积极推进四棱山森林公园规划建设。

一是关停取缔非法采石场，彻底拆除多处违建，大力开展生态修复。2016 年以来，投入 80 余万元，进行护土、护坡和植树种花，收到良好效果。

二是挖掘文化内涵，举办节庆活动，提升四棱山景区影响力。2017 年春季以来，每年都举办吉林省九台区杜鹃花旅游节暨满族山歌节，提升了四棱山的知名度和美誉度。同时，其塔木镇启动编制四棱山文化旅游发展规划，规划申报了非物质文化遗产。

三是打造花海景观。通过土地流转，投入资金 68 万元，在四棱山下打造 20 公顷花海景观，栽植油菜花、蒲公英、千日紫等花卉品种。同时建立杏花大道 3.8 千米，种植葡萄

20 公顷，使山上杜鹃花、梨花、冰凌花和山下花海美景交替展示，打造出花团锦簇的四棱山。

其塔木镇四棱山的风景是多么美呀！每年春季杜鹃花旅游节期间，吸引大量外地游客来踏青观光，山上游人如织，流连忘返。

改革开放以来，其塔木镇经济发展突飞猛进，小城镇建设日新月异。2000 年以来，经长春市人民政府批准，其塔木镇被评为“十三五”规划中的小城镇。镇区内 6 平方千米，有行政区，工业区，居民区，商业区。镇区内有全自动自来水设备日供水 3 000 吨，可满足 6 000 户的居民饮用水；有线电视台一个，居民可看很多频道的电视节目；有线电话 10 000 部，村村社社通电话。域内的 17 个行政村，都有公交站点和客车运行。人们的出行条件和生活质量都有了质的飞跃。

40 年来，其塔木发生的许多变化，让我感叹不已。我希望其塔木再创辉煌，有更好的发展，我爱其塔木这片土地！

高扬发展之帆

张俊楠

改革开放是中国共产党在社会主义初级阶段基本路线的两个基本点之一。自1978年12月召开的中共十一届三中全会规定，我国开始实行改革开放政策以来，至今，已走过40个春夏秋冬。在这40年中，无数的事实可以证明，改革开放是强国之路，是党和国家发展进步的活力源泉。如今，改革开放的春风已经吹遍了神州大地的每一个角落，这其中当然也包括我的家乡，一个位于中国东北部的普通小镇——其塔木镇。

40年前的其塔木，人们的主食是玉米、小米、高粱米，40年后的其塔木，则是“米满仓，面满仓，鸡鸭鱼肉随便选”。虽然，这可能只是人们生活中很细微的一处变化，但是却反映了整个其塔木的巨大改变。俗话说“民以食为天”，吃好穿好是每个老百姓最朴实的愿望，也是反映一个地区居民生活质量最直接也是最明显的标志。不仅如此，在2000年，其塔木镇经长春市人民政府批准，被列为“十五”计划中的小城镇。如今的其塔木，不再是人们口中的“穷山沟”，已然发展成为九台区东部的中心城镇。这一切，都离不开改革开放以来，勤劳的其塔木人民在党和国家领导下的不断奋斗，不断拼搏，不断创新。

其塔木镇原来以种植业为主，镇内耕地面积11 000公顷，其中水田面积5 000公顷，有“一山二水七分田”之称，属温带大陆性季风气候，历史上从没有出现过大的自然灾害。虽然其塔木在土地和气候上占有天然的优势，但种植业完全是“看天吃饭”，存在很多不确定因素，且不足以带动整个其塔木镇走上小康生活的道路。所以，在镇政府的大力引进和支持下，一些企业在其塔木这片沃土下扎根发芽。如今，其塔木镇内有十多个米业企业，加工的优质大米畅销国内外。

不仅如此，其塔木还充分利用镇内的自然资源优势，发展旅游业，开发旅游项目。2017 年其塔木开始举办杜鹃花节，到了四、五月份，四棱山上“芳草鲜美，落英缤纷”，引得无数游人前来欣赏。牛头山水库，碧波荡漾，风景迷人，每逢春、夏、秋季节，更是吸引了省内游客上万人次前来垂钓。这样不仅大大提高了其塔木的知名度，而且还带动了本地的经济发展。“百舸争流，奋楫者先”，只有在改革开放的浪潮中，抓住机遇，迎难而上，奋勇争先，才会取得如此傲人的成果。

改革开放不仅给其塔木镇带来了一系列经济效益，更重要的是它改变了其塔木人民的思想观念。生活水平提高了，人们所关注的不再只是吃饱穿暖和自身利益，而是考虑提高自身的素质。在改革开放的时代背景下，中国正迎来转型时期，是急需人才的时候。大力兴办教育，培养优质人才，才能保证一个地区得以长久地、可持续地发展。

其塔木的人民深知这一道理，所以总是不遗余力地发展教育，培养人才。镇内的所有中小学都紧跟时代潮流，不断提升教育理念，完善教育设施，改进教学方法，为国家输送了一批又一批的人才。从其塔木镇走出的莘莘学子，在取得了各自的成就后，又重新地回归故土，回报家乡。闫兆麟就是其中的代表性人物。他作为九台二中（位于其塔木镇）的毕业生，对母校不仅怀有感恩之心，更是有着浓浓爱心。他捐资助学，开展一系列征文活动，致力于家乡发展和建设，尤其关注家乡教育事业发展，爱心奉献，为其塔木繁荣发展做出了重大贡献。由此可见，好的政策不仅可以带来经济利益，还可以营造一个良好的氛围，使人们在这种氛围中，不忘初心，回报社会，构建一个和谐的社会环境。

毛主席曾经感叹“踏遍青山人未老，风景这边独好”。的确，纵然青山踏遍，还是觉得家乡其塔木的风景最让人流连忘返。你看那，水田旱地连成一片，高楼房屋错落有致，学校里书声琅琅，田野上赞歌欢唱，这边大鼓敲得正欢，那边秧歌舞得正浪，人们的脸上都洋溢着幸福的喜悦。他们身上穿的不再是黑白蓝的老三样，而是款式新颖，色彩艳丽；嘴里说的不再是挣工分的生产队，而是开店营业，炒股下海；出行不再是永久牌的自行车，而是国产或进口的轿车。这一切的一切，都是改革开放这 40 年以来所取得的成果。改革开放，给我们的生活带来了翻天覆地的变化。上至一个国家在国际上的竞争力，下至一个家庭在社会中的立足点，改革开放都扮演着极其重要的角色。

如果没有当初的“对内改革，对外开放”，那么“中国梦”只能是一个遥不可及的梦想。是改革开放，让梦想照进了现实。现在的中国，有权利拥有梦想，并且有能力实现梦想。改革开放对一个国家起到的影响尚且如此，更何况是一个地区，一个城镇呢？其塔木的改变，离不开改革开放，中国的改变更离不开改革开放。原来的“万元户”就已经人人羡慕，如今百万、千万都已经不在话下。“实践是检验真理的唯一标准”，对于此，我只想发自肺腑的呐喊“厉害了，我的国！厉害了，我的其塔木！”

“雄关漫道真如铁，而今迈步从头越”。40 年，不是一个终点，而是另一个起点。如今，我们正进入改革开放的又一个全新的时期，新时代属于每一个人，我们每一个人都是时代的见证者、开创者、建设者。身处中国特色社会主义新时代，虽然我们见证了改革开放给中国给其塔木带来的显著成绩，但是我们依然要拿出滴水穿石的毅力、踏石留印的干劲和不怕牺牲的拼劲。毕竟在向着中华民族伟大复兴目标进发的巨轮上，没有坐享其成的乘客、事不关己的看客、步履匆匆的过客，每个人都是划桨者。让我们心往一处想，劲往一处使，撸起袖子加油干，就一定会乘风破浪，扬帆远航！

松花江畔的一颗耀眼明珠

严保中

在美丽的松花江畔镶嵌着一颗耀眼的明珠，她美丽富饶，是满族文化的故乡；她历史悠久，是关东地区的军事重地，她就是我的家乡——其塔木。

其塔木镇位于长春市九台区东北部50千米，在历史上就是商贸中心，皇粮之乡，兵家必争之地。而今日的其塔木更是有着翻天覆地的变化，交通发达，资源丰富，小城镇建设成就斐然，凭借着显著的区位优势已然成为九台区东部的中心城镇。

俯瞰其塔木镇，最让人眼前一亮的就是五洲城的成多禄文化公园。它是其塔木的标志性景观，以“吉林三杰”之一的成多禄名字命名。内设“吉林三杰”雕塑、长廊、迷宫，成多禄诗词、书法、碑文等各种园林景观，彰显满族文化特色。夏季，百花齐放，绿树成荫，漫步在公园的石路上，仿佛置身于世外桃源，乐而忘忧。几年间，在不知不觉中公园已成为人们茶余饭后的休闲之地。

公园中最吸引人之处，当属公园中心的音乐喷泉。看，那彩色的水柱腾空而起，然后又像礼花焰火般落下。有时喷泉直冲而上，有时交叉喷射，远远望去，喷泉高低有别，错落有致，迷迷蒙蒙一片。既像玉龙升空，又像银花怒放；既像柳絮纷飞，又像微雨飘洒。不时来一阵风把水珠吹得如烟、如雾，简直太美了！静静地欣赏着美丽的喷泉时，突然，有几个孩子在喷泉边窜来窜去，他们迫不及待地把手伸到水柱上亲自体验那种灵动的感觉，一个个脸上露出开心的笑容。

喷泉不仅造型奇特，也更像一个舞蹈家。它们先探出小脑袋摇了摇，确定有人在欣赏它们才笑着跳起来，最先起来的水柱像小草慢慢长高，突然又以很快的速度直冲空中，根根水柱在人们的赞叹中大放光彩。飘洒在空中的水滴向我们亲吻，向我们告别，它们的姿态是最美的！它们的绚丽为其塔木的夜空增添了神秘的色彩。

家乡的美岂止于这个公园，其塔木东部的第二松花江烟波浩渺，翔鸥吟唱，稻花飘香；西部的牛头山水库微波荡漾，秀丽无比；西北部的四棱山杜鹃花盛开，斑斓绚丽，吸引大批外地游客。清朝“吉林三杰”之一的成多禄墓地、其塔木烈士陵园、满族文化博物馆、回族清真寺、朝鲜族文化活动室等，无论是自然景色还是人文景观，都让人叹为观止！

这片沃土是美丽的，更是富饶的。域内水利资源丰富，松花江密布的河网及牛头山水库大大促进了农业的发展，使之成为全国粮食生产基地之一，更是联合国粮食组织确定的黄金玉米带。然而，家乡的富饶还不止于此，矿产资源、林业资源以及牧业生产更是远近闻名。

在我们欣赏自然景观，享受民族风情的同时聆听“三下江南、四保临江”的其塔木战役的枪声，人们会更加热爱这片用烈士鲜血染成的热土！

看今日，水碧山青，隽远一缕乡愁；盼明朝，文丰物阜，引领千般气象。厚德笃行，吾民当自强不息；凝心聚力，吾土定乾元渐彰。

其塔木变得如此璀璨迷人

杨　梅

1978 年，在中国共产党第十一届三中全会上，邓小平同志做出了改革开放的伟大决策。2018 年是改革开放的 40 周年，我们这一代人，正是沐浴在改革开放的阳光下茁壮成长，见证了改革开放的风风雨雨，也享受着改革开放带来的幸福生活。

40 年的改革开放，40 年的世事变迁，其塔木像是一面镜子，映照了时代的风貌。翻天覆地的变化，与时俱进的发展，让其塔木人民振奋不已。而年轻的我，作为一名人民教师和普通百姓，也切实地感受到改革开放让其塔木人民真正富裕起来了。

经历过改革开放 40 年的其塔木镇，再也没有吃大锅饭那样的困顿日子，再也没有因缺少粮票、布票而陷入窘迫的状况。其塔木镇作为吉林省商品粮生产基地之一，老百姓借助临近松花江水源这一优势，种植水稻，既可以自给，又可以卖出大米换得相等的价值。更有一些搞养殖业的农户，从中收获更多的价值。由于改革开放大力促进了其塔木经济的发展，原来家家户户住的土坯房，很快变成了宽敞明亮的砖瓦房。而现今更多的楼房拔地而起，人们也逐渐住进了楼房。小区内干净整洁，免去了雨水冲刷地面泥泞的困扰。

道路交通的便捷更加促进了其塔木镇的飞速发展。曾经的农村环境，没有规范的排水系统，无处排泄雨水，任凭其就地渗漫，村大人多，街道泥泞，人们出行极不方便。而现如今，条条水泥路面四处伸展，连接到村民的家门口。人们的交通工具也由步行到骑自行车，再到今天更多的人家拥有了小轿车。是什么让其塔木人民走得更远，挣得更多，思维愈加开阔？我想答案众所周知了，这是农村改革开放的成果。

伴随着改革开放的步伐，其塔木镇的经济走上了快车道。五洲商业区的建设，极大地带动经济的发展。在谈到其塔木经济的同时，我们更应该注意的是改革开放对乡村文化方面的传承和发展。

有着沧桑历史的其塔木，有着它独特的地域文化。当地的满族民俗博物馆、回族清真寺、朝族文化活动室等，体现了多民族文化的和谐交融，共同筑就了美好的其塔木镇。

曾经的松花江边，芦苇摇曳，满是荒凉，而如今江面白帆点点，翔鸥吟唱。曾经荒山野岭的四棱山，随着当地经济的发展，从 2017 年起每年都举办杜鹃花旅游文化节，人们争相观赏杜鹃花海的烂漫。西部的牛头山水库碧波荡漾，吸引了更多的人来此闲情垂钓。

改革开放以来，其塔木镇政府和人民更加重视教育事业的发展。曾经，校园里是一条条泥土路，一排排的平房，木制的桌椅，沙土筑成的操场。而如今，走进校园，平整的柏油路面，宽敞的楼层教室，铁质的桌椅，绿意成茵的草地，伴随着朗朗的读书声……

从前黑墨刷漆的木制黑板，已被设备完善的电子白板所替代；从前学生们在操场上活动仅有跳绳、跑步，早已被各项体育设施器材所充实；从前学生有才华难以施展，而现如今有各方面比赛和活动，彰显着学生们才气。

如今的其塔木，到处洋溢着幸福祥和的气息。晨起时，望着朝气蓬勃的学生们背着书包，迎着朝阳，三五成群奔向学校，洒下一路欢歌笑语；成年人去各自的岗位上班，彼此相互问候，脸上挂着微笑；老人们关好门窗，坐在遮阳处聊着家常。以前随处可见的土堆、粪堆，变成了现在尽收眼底的花团锦簇、芳草萋萋。晚饭后，人们自发去五洲文化广场自娱自乐，扭秧歌、跳广场舞，抒发着一天的喜悦心情，度过开心而又平凡的一天。

时光如白驹过隙，转眼间改革开放已经 40 年了。谁曾想到，就这 40 年，其塔木在改革开放的春风吹拂下，发生了天翻地覆的变化，这些变化早已深深地融入了我们的生活。

昔日房屋低矮的其塔木镇，如今变得如此壮阔巍峨；从前如萤的灯光，如今变得如此璀璨迷人！其塔木将会再出发，向着更加美好的明天！

其塔木的魅力言有尽而意无穷

杨　雪

一段文字给人们带来了心灵的愉悦，一首诗词给人们带来了心灵的蜕变，一首歌能唱出几代人的心声，让人心潮澎湃。“一九七九年那是一个春天，有一位老人在中国的南海边画了一个圈”，每当听到这首《春天的故事》，我们不禁感慨改革开放给祖国大地带来的翻天覆地的变化，一座小镇也在改革开放中崛起——长春市九台区其塔木镇。

其塔木镇位于九台区东部，域内土质肥沃，水陆交通发达。显著的区位优势使其抓住改革开放的机会，飞速发展，迅速崛起，迈开了气壮山河的新步伐，招商引资，旅游开放，大刀阔斧地进行着。

时间如白驹过隙。回想我第一次踏进这个小镇，看着这沿途的风景，令我顿时一惊。车子快速前行的同时，向远处望，水面很宽，一望无际好像水天相接在一起。湛蓝的天空，耸峙的山峦，苍翠的树木，飘摇的芦苇，微风一吹，水面波光粼粼，不时天空中鸟群飞过，让人不禁会想到“落霞与孤鹜齐飞，秋水共长天一色”的诗篇。你会感觉到，这里的水美而不媚，山秀而不威，山水相映，碧波含烟，空气中散发着泥土的芬芳，伴着青草味，还有各种花的香，让人心旷神怡，宠辱皆忘。

车子匀速前行，道路两旁杨树挺拔，水田旱田交错，交相辉映，微风吹拂好像在说“其塔木欢迎你”。尤其是到了秋天，金黄的稻田随风起浪，家家户户都洋溢着丰收的喜悦。现在的农民不再是几十年前的挣工分，而是自给自足，家家户户日子过得是蒸蒸日上，住的再也不是茅草房，取而代之的是砖瓦房、设施齐全的楼房。通往各个村庄的不再是泥泞不堪的土路，而是平坦的水泥路。出门再也不用坐着牛车、马车、骑着自行车，而是坐着公交车，有不少人家都有了私家轿车。

车行到镇里，只见高楼林立，商贾云集。有琳琅满目供人们消费的商品，有供人们娱乐健身的公园，有整洁耸立的政府办公楼，有环境优美、书声琅琅的学校。“春风吹绿了商贸五洲，春雨滋润着腾飞的二中”。微风轻拂，捷报传来，这些年在二中人的不断努力下，学生们中考取得了佳绩。

看！昔日陈旧的校舍已不复存在，屹立在你面前的是崭新的教学楼。整个校园春天生机盎然，夏天绿草如茵，每到冬天，绿色便集中在那几排并列在道路两侧傲霜的松树上和越长越绿的冬青树上。鲜红的雕塑在雪的掩映下格外显眼，那鲜红的“超越”二字好像在时时刻刻提醒老师和学生要不断超越，超越他人，超越自我！

听！朗朗的读书声，是那样的清脆悦耳！如今，孩子们再也不用步行十几里路，冒着严寒酷暑，顶着凛冽寒风去学校了，取而代之的是分别到各个村接送的校车，每天按时按点，风雨不误。以前个别孩子因为贫困辍学，可是现在孩子们再也不会因为贫困辍学了，因为闫兆麟老先生捐资助学，成立了助学基金会。现在的孩子才是真正长在了春风里，希望他们懂得感恩，长大后为其塔木的发展贡献自己的力量。

看着其塔木的变化，感受着其塔木的美，其塔木的魅力真的是言有尽而意无穷。美丽其塔木让我们想起了毛主席的两句诗：“踏遍青山人未老，风景这边独好”！

我的家乡就是这么美

付　威

其塔木镇坐落在美丽的松花江畔，有“一山二水七分田”之称，属温带大陆性季风气候，历史上从没有出现过大的自然灾害，是位于长吉农业生态带上的乡镇之一，土地肥沃，生态环境良好。同时是联合国粮食组织确定的黄金玉米带，玉米产量高，品质好，是全国的粮食生产基地之一。利用松花江水灌溉水稻，面积达5 000公顷，优质大米远近闻名。

坐落在其塔木镇西部的牛头山水库，水面宽阔，微波荡漾。东部的第二松花江烟波浩渺、翔鸥吟唱。西有羊鼻子岭、四棱山等，扶摇而上，直至棱山顶峰，有一览众山小、心旷神怡之感。

其塔木镇有丰富的旅游资源。有“三下江南”战役的其塔木攻坚战烈士陵园，是吉林省爱国主义教育基地。有萨满民俗博物馆、西山清真寺、朝鲜族民俗村、吉林三杰之一成多禄墓地等。

如果你来我的家乡旅游的话，那你不去吃美味的白肉血肠、猪肉炖粉条、小鸡炖榛蘑，那你就不算来过我的家乡。

吃的先不说，我的家乡建立起了省级的湿地保护区——牛头山湿地保护区。湿地保护区外还有牛头山垂钓园、野生渔业养殖园，垂钓园和养殖园都对外开放，要想来垂钓园一试身手或吃一顿野生河鱼，那就来我的家乡吧！

家乡的四棱山森林公园更是美不胜收，这里是满族掐春花文化发生地，自然生态保存完好。养在深闺人未识的四棱山，山势巍峨，群峰竞秀，林木葱茏，鲜艳的杜鹃花漫山遍野，演绎着春季的花海奇观。只有身临其境造访四棱山，你才能感受到自然山水的真谛，领略到自然景观与人文景观相融和谐的魅力。

当你登上四棱山顶峰，你可感受到“四面清风皆入画，一片闲云独看花”的诗情画意。置身在杜鹃花丛中，更是另有一种感受，放眼远眺，山岭云蒸霞蔚，远近村落尽收眼底。在习习凉风中，气势磅礴的四棱山，被盛开的红、白、紫三色杜鹃花所覆盖，漫山遍野、优美壮观，映红了半边天。杜鹃花争奇斗艳，人在花中行，花映人更美。此刻，你仿佛被大自然神奇的魅力紧紧裹住，难以抵御漫山遍野鲜花的诱惑，陶醉在花的美景中难以自拔。每年春季山花烂漫时，四方游客络绎不绝，都来体验浓郁的山乡之美。

强势发展的戢家村，建起了座座农家乐。农家乐里有鱼池、游泳池，水很清澈，面积也很大，游泳池上还有石头做的滑梯。农家乐有地道的东北农家菜，猪肉炖粉条、小鸡炖榛蘑等，香味四溢，让人口涎欲滴，馋虫难耐。

还有待开发的北山村的马鞍山。马鞍山是一个风景优美的山，山上有秋千亭、佛庙堂、桃子林。桃子林的桃子很大、很甜，吃下去有一种蜜到心田的味道。亭子里有大理石桌子、凳子，夏天到亭子去坐一坐，那种凉凉的感觉真是很爽的！

家乡还有天然的蔬菜与瓜果，不喷任何农药，吃起来甜甜的。沙瓤的大西瓜，又大又甜，可以解暑降温。这些西瓜在大城市的水果市场颇受青睐。

沿江的马场村、更新村的特色农家鸡蛋、鸭蛋、鹅蛋，都是我们家乡的特产。靠近江边的鸭蛋、鹅蛋煮后里面油汪汪的，吃起来软嫩可口，唇齿留香。

除了这些，翻天覆地的变化还有很多。

狭窄的公路变得更宽阔了。一条条宽阔的水泥路纵横交错、四通八达。各类车辆在公路上快速行驶、川流不息。

镇内街道两旁一幢幢高楼拔地而起，家家户户都盖起了新瓦房和楼房，取代了以前的小平房。形形色色的商店，一个个大型的超市，像雨后春笋般出现在人们的面前。商店里的商品琳琅满目，令人目不暇接，真是应有尽有，给人们日常生活带来了极大的方便。

家乡最富有特色的景观就是文化公园的喷泉广场。广场是一个大花园，分为里外两层，有甬路隔开。广场中央耸立着大理石柱，石柱上顶着一个圆圆的太阳，有三颗亮晶晶的星星和一个弯弯的月亮，他们象征着日月同辉。广场西侧有一匹飞奔的骏马雕塑，高高的马头仰天长啸，目不转睛地注视着远方。你看它浑身每块肌肉都显得那么有力量，长长的鬃毛向后飞扬，四只蹄子停在空中，看起来那么雄壮威武。高高欲飞的骏马寓意着其塔木的明天一定会更加美好，更加繁荣富裕！

家乡的萨满文化更是远近知名。每逢龙虎年的时候，腰屯村就会有民族特色浓郁的“萨满文化节”。美丽的满族姑娘、小伙儿们穿着漂亮的满族衣服，戴着富有特色的民族头饰，手上敲着富有萨满特色的手鼓，那“嚓嚓嚓、咚咚咚”的声音，听起来是那么的美妙，令人陶醉。

家乡正在努力创建省级旅游乡镇、生态园林乡镇。正在落实绿色发展理念，让经济更具有发展后劲和活力。美丽其塔木需要绿水青山，现代化是核心，绿色发展是主旨，科技创新是动力，民生幸福是目的。数据显示，去除落后产能不仅没有影响就业，反而催生了新的产业增长点。其塔木镇的新经济业态，借力“互联网＋”的电商经济模式，在全区首屈一指。

我的家乡其塔木就是这么美！有美景、有美酒、有美食、有美好的愿景，有许许多多你们想象不到的东西。诚挚欢迎八方来客来我的家乡其塔木旅游、观光、做客。风光无限的其塔木欢迎您！

文化公园情思

曲智敏

每当提起“公园”二字，会让我们不由自主地联想到大都市著名的公园。我的家乡是一个偏远的名不见经传的小镇——其塔木。这个历史悠久的小镇，却拥有一座专属于我们的公园。这座公园承载着小镇人民的快乐，这座公园更象征着小镇的腾飞。这座公园就是成多禄文化公园。

成多禄文化公园，顾名思义，是为了纪念清朝末年著名书法家和诗人成多禄所建。成多禄的塑像，高高矗立在公园右侧。进入这个公园，首先映入眼帘的是苍劲有力的红字“其塔木镇成多禄文化公园”，镌刻于石碑上。石碑背面，是文采飞扬的其塔木赋。公园内红白相间的灯柱上，撰写的是成多禄的诗词。那白色的屏板上，醒目地镌刻着社会主义核心价值观的文字。古典诗词与现代内容相结合，相得益彰。每逢闲下来，我都会与女儿流连于文化公园中。年幼的女儿沉醉于公园的美丽；酷爱文学的我则深深地迷醉于公园浓浓的文化气息中。

闲暇无事的白天，信步走进文化公园，最宏伟的景观莫过于音乐喷泉广场。广场正中有一个美丽的音乐喷泉。那喷泉顶端有一个大理石做的大球，一双巨手将它托起。美丽的和平鸽，在周围展翅欲飞。广场景观颇具规模，气势磅礴，给人大气之感。两旁的小喷泉中，洁白的天鹅更为喷泉增添纯净之美。

围绕喷泉的是鲜花盛开的长廊，这些花红的似火、粉的如霞、白的似雪。细看之下，含苞的娇羞欲语，脉脉含情；乍绽的潇洒自如，落落大方；怒放的赧然微笑，嫩蕊轻摇。有的花娇小玲珑、憨态可掬，像初生婴孩般可亲；有的花青春洋溢、热情奔放，似亭亭玉立少女般可爱；有的花超凡脱俗、端庄大方、如持重贵妇般可敬。她们或仰、或倾、或倚、或思、或语、或舞……奇姿异态纷呈，美不胜收。

在这醉人的清香中，沿着长廊向前走，最吸引人的是位于喷泉右侧的“吉林三杰”雕塑。三位文坛名士比肩而坐，似在共议家国大事，又似在商讨诗文韵律。我不禁坐在他们跟前，一种崇敬之情油然而生。抬眼望去，抗日将领罗明星骑着骏马，飒爽英姿，在为这富饶的土地站岗护航。再看看附近休闲的人们，或在散步，或坐在长廊里休息，或在公园的草坪上小憩，或在广场前留影，或在广场中间回眸四望，好一幅夏日休闲图。

白天的公园如此美丽，晚上的公园更是别具风采。夜幕降临了，我又来到了公园。那掩映在绿树成荫下的路灯亮起，朦朦胧胧的淡淡灯光，如羞涩的少女，是那么的多情，最易使人浮想联翩，仿佛是到了大观园。灯柱上的诗词，更是古韵十足。这些迷人的景象，给公园添上了几分恬静。最让人激动的是音乐喷泉的美景。音乐响起，无数喷泉腾空而起，周围响起了一片掌声。音乐一会儿悠扬，一会儿激昂，喷泉也随着节奏一会儿低涌，一会儿高喷。音乐进入高潮时，喷泉也跟着跳动起来，一支支水柱在五光十色的霓虹灯映衬下，显得五彩缤纷，漂亮极了。水柱们一会儿跳“之”字舞，一会儿轻卷长袖，一会儿聚集在一起说悄悄话，一会儿又向观众抛洒“玉露”，好像是在欢迎观众的到来。观众们发出阵阵喝彩声。

这时最高兴的是孩子们。我 9 岁的女儿和小伙伴们站在喷泉下，水柱小时，这些调皮的孩子禁不住去用手击打水花，不时有调皮的水珠打在脸上，溅在身上，落在头发上，引起孩子们开心的大笑。歌声、水声、欢笑声、声声入耳。啊！此情此景，宛如仙境，胜似仙境。

看看周围的人们，都洋溢着幸福的笑容。我不禁感慨：改革开放 40 年，中国发生了翻天覆地的变化，从计划经济到市场经济的浪潮，像一只无形的巨手，不断推动着中国这片土地由外而内地加速更新，沧海桑田已不再是神话。大至国家形象、前沿科技与民生工程，小到个人的衣食住行与精神面貌，方方面面的发展变化看得见、听得到、摸得着，实实在在地激荡着、温暖着广大老百姓的心。谁会想到这样的小镇会拥有集文化与休闲为一体的公园。城市人的休闲场所，我们农村小镇也骄傲地拥有了。这座公园，为小镇居民带来无限的温暖与快乐。

夜色降临，居民们沿着绿树如茵的大道依依回家，文化公园又渐渐恢复了宁静。回望公园内绿树摇曳、灯光闪烁，成多禄老先生的雕塑似乎正微笑地注视着人们，似在祝福我们的明天会更加美好！

其塔木的发展让我引以为傲

张文哲

改革开放 40 年，祖国日新月异的变化，各行各业取得的成就，让我们更加坚信，只有共产党才能救中国，只有坚持改革开放，坚持走中国特色社会主义道路，才是中国人民的正确选择。

提到其塔木改革开放 40 年的变化，最有发言权的应该是在这里生活、学习和工作的人们，让我们以普通百姓的视角，细数一下家乡的巨变。

改革开放前的其塔木，狭窄的街道两旁是普通的平房，雨天泥泞难行，交通不畅。如今的小镇街道宽广，两旁都建起了高楼，不管是逢年过节还是平常日子，人们都汇集于此。交通顺畅，商贾如云，繁荣程度今非昔比。其塔木作为远近闻名的经济强镇，在社会主义新农村建设政策的引领下，城镇规模不断扩大，在保留旧街道的基础上，规划了新址，修建了五洲商贸城，把政府等主要部门迁至新址。在政府所在地的周边，又新开发了商品楼住宅区、商贸区、教学区、游乐区，设施完善，门类齐全，为招商引资，促进经济繁荣奠定了坚实的物质基础。

其塔木作为文化强镇。在党委和政府的领导下，做了很多可圈可点的工作。为了促进其塔木教育的发展，政府每年筹集专项基金，奖励品学兼优的学生；设立扶贫基金帮扶贫困生，对中考中取得优秀成绩的师生给予奖励。值得一提的是从其塔木走出去的优秀学子闫兆麟老先生拿出10万元奖学金支持家乡的教育，为家乡教育事业做出了突出贡献。在党委政府和社会有识之士的帮助下，其塔木的教育事业得到了突飞猛进的发展，中考成绩年年有新突破，连续3年位于乡镇中学榜首。

其塔木是少数民族聚集区，这里居住着满、汉、回、鲜、蒙古等民族。其中满族占的比例较大，这里曾是满族文化的发祥地，萨满文化的传承人关云德就出生于此。萨满文化的剪纸、舞蹈、饮食、婚丧等习俗植根于民间，已被国家定为非物质文化遗产。关云德还登上了央视《艺术人生》的舞台，和朱军一起向国人推广和宣传萨满文化，给其塔木这个古老的小镇增添了无限荣光。政府为使萨满文化得以传承，拨专款建起萨满民俗博物馆，为弘扬民族文化做了不懈努力。

其塔木还是一座军事色彩较浓的小镇，“三下江南”战役中的其塔木攻坚战就发生在此地。为缅怀为建立新中国而牺牲的烈士们，政府拨专款修建了“三下江南”战役纪念馆和烈士陵园，成为爱国主义教育的基地。纪念馆和陵园矗立在镇中心的南侧，与五洲城遥相呼应，是一道靓丽的风景。

其塔木山清水秀，人杰地灵，是文人雅士荟萃之地，“吉林三杰”之一成多禄老先生就生于其塔木成家村。为了把这张名片做大做强，镇政府专门整修了成多禄墓地，修建了以成多禄名字命名的文化公园，给其塔木的招商引资、对外推广搭建了很好的平台，使其塔木的知名度和影响力进一步扩大。

为了改善农村的环境，提高人们的物质文化生活质量，政府加大投入，进行危旧房改造，修建村村通公路、田间路，建设商贸中心、文化广场、卫生服务站、养老服务设施、电商服务站、新时代传习所等，使农村的面貌发生了翻天覆地的变化。伴随着乡村振兴的脚步，农民正以崭新的风貌挺进在建设小康社会的道路上。

镇村两级干部充分发挥党员的模范带头作用，深入群众，埋头苦干，为老百姓办实事、办好事。例如，进行小河段小流域综合治理，收到了扎实成效。这里我还要讲一讲北山村委会修桥的事迹。未修桥前，村民们上学难、看病难、卖粮难，一涨水村民就头疼。现如今桥修好了，出行不受影响，老百姓后顾之忧解决了，村民们心里乐开了花，都说共产党为我们做了一件大好事。这座桥成了一座爱心桥、暖心桥。这件事在百姓当中反响强烈，干部的形象在百姓心中树立起一座丰碑，干群关系得到了很好的改善。像这样的事迹数也数不完。

克难攻坚，改革在路上。我们有理由相信，在习近平总书记的领导下，伟大的中国梦一定能实现！我们其塔木的明天一定会更好！

为其塔木点赞

郑宇慧

回首过去，我们40年的风雨历程，虽路途艰辛，但是硕果累累。我们的祖国经济上实现了持续快速增长，综合国力也有了进一步提高，民生得到了显著改善，人民生活总体上达到小康水平，科技教育快速发展，社会事业也正在全面推进。改革从农村到城市、从东部到西部、从经济领域到其他各个领域全面展开，逐步深化，使中国社会发生了全方位的历史性转变。而我们的小镇——其塔木，也随着改革开放的春风，发生着翻天覆地的变化。

改革开放就是解放生产力。改革开放40年来，农村经济开始从单一农业经济迅速向多种经济发展转移，推动了农村经济全面快速增长。镇里有了企业家、养殖户。一部分人建设的工厂，不仅给自己带来了丰厚的利润，还为镇村解决了劳动力就业问题。主要农产品产量呈倍数增长，水稻、玉米的生产从改革前的不到200斤上升到了改革后的1 000斤以上。农业生产水平显著提高，由原来的人工耕种转变成了机械化作业，使农民从繁重的劳作中解脱出来。家庭联产承包责任制为主要内容的农村改革，确立了农村的基本经营制度。取消了农业税，还增加了种地的补助，理顺农村分配关系，减轻农民负担，使农民生活水平有了明显的改善和提高。

在人们所关心的教育方面，现在真正实现了九年义务教育。在40多年以前，由于那时国家还比较落后，教育自然也就不能跟上，学校不仅规模很小而且师资水平也差。一个班有 40 多个学生，教室里只有几盏白炽灯，一块木头黑板，还有用木板搭建的课桌椅。操场都是土质的，跑道是用煤渣儿铺成的。跑步时，不小心摔倒后，两个膝盖准会摔破。操场晴天还可以用，要是下了雨，操场就变成了水塘，一两个星期都没法用。现在，我们的校园里不仅有明亮的教室，还有了更加宽阔平坦的操场和花园，校园里的树木及雕塑也为校园增添了魅力。教室里除了干净整洁的桌椅、绿色玻璃材质的黑板外，还有 10 多盏日光灯，新安装的多媒体电脑及投影仪，为教师的教课和学生的学习带来极大的方便。

教育改革改变了许多人的命运。我国于 1977 年恢复了高考，“文化大革命”时期那种单位推荐工农兵上大学的模式被招生考试代替，使得更多的人能够通过自身的努力公平地接受教育。随着义务教育的普及，其塔木民众的文化素质得到了显著的提升，镇内大学生的比例明显增多。

随着村镇人民生活水平的进步，他们也开始追求精神生活的感受了。这在改革开放之前人们是不敢想象的。目前农村里有一些人以外出旅游来作为自己的休闲方式，更为普遍的是广场舞、踩高跷、扭秧歌等娱乐方式，丰富了农村人民的休闲生活。从一年难得看上几回的露天电影，到个性化的家庭影院；从收音机中收听样板戏，到遍地开花的卡拉OK；从为吃穿而操劳，到追求生命质量的健身运动。休闲娱乐方式的变迁，折射出经济的发展，时代的进步。路变宽了，楼变高了，我们的精神世界也悄然地发生着翻天覆地的变化。

改革开放 40 年的发展，中国社会实现了开放、富强、文明和充满活力的历史巨变。展望未来，我们有理由相信，中国的明天会更好，其塔木的明天会更好，我们的生活会越来越富足！

我为家乡其塔木喝彩

李爱霖

“在1947年，一阵阵轰隆隆的巨响，开始了解放战争历史上著名的三下江南战役”。这场战役的一次重要战斗便发生在我的家乡——其塔木。我对其塔木的历史了解很少，我合上书去寻求爷爷帮忙。

爷爷坐在书桌前，右手端正地握着笔，面前放着一张崭新的纸，耐心地为我解释。他说，当时有很多年轻人，为解放其塔木献出了自己的力量，甚至是生命。爷爷讲解的神情，苍老的眼神中那一抹光亮，是多么的坚毅，我心中的崇敬之情油然而生。等到爷爷讲到战役胜利时，我的开心洋溢在脸上，但爷爷的脸上却挂着凝重。爷爷语重心长地对我说：“虽然战役结束了，但无数的战士们却付出了生命。那庄严的纪念碑下埋着先辈们神圣的身躯，那鲜红的五星红旗是用他们鲜血染红的！”

听了爷爷的话，我对家乡其塔木有了更深层的了解。我由衷地向她致敬，向英勇牺牲的烈士们致敬。

我在逐渐长大，我的家乡也在不断变化。随着历史知识的丰富，我知道了1949年新中国的成立，让中国人民从此站了起来；1978年党的十一届三中全会实行改革开放，让中国人民从此富起来；2017年十九大会议上提出从“站起来”“富起来”再到“强起来”的飞跃发展，更加鼓舞人心。

改革开放已经40年了，我们深切地感受到了祖国的腾飞发展。我的家乡小镇——其塔木的变化也紧跟着时代发展的步伐。

小升初的那个暑假，我和爸爸妈妈去姥姥家，正好路过四棱山。在我的软磨硬泡下，我和父母登上了四棱山。

一条长长的路从山脚蜿蜒到山顶，路旁点缀着野花，闻起来有淡淡的芳香。鸟儿在树上歌唱，把最美的祝福送给来到这里的人。清新的空气使人闻一下便觉得神清气爽，内心的烦恼一下子消失得无影无踪，幸福充盈于心头。我想，若能赶上黄昏时分，与家人同坐在山顶看夕阳西下，霞云漫天，一定别有一番情趣。

在四棱山森林公园，每年春暖花开时都会有很多游客来观赏。看着从大客车上下来的一批又一批游客，内心总有股莫名的激动，为我的家乡其塔木能有这样的美丽风景而自豪。

其塔木不仅风景有它独特的地方，经济上也在飞速发展。几年前建设了五洲商贸城新区，还盖起了新的居民楼住宅区。五洲商贸城建成时，我就去感受了一番。各色的服装店、大型的超市、充满乐趣的大广场，很多重要的活动都会在那举办。每到夜晚，广场就成了人们聚集的地方，我也是其中一个。“苍茫的天涯是我的爱，绵绵的青山脚下花正开……”伴随着广场舞音乐响起，人们一个个快乐地舞起来，虽然姿势不见得标准，却敢于展现自己的风采。

2018 年，五洲商城把原来的一片区域改成了儿童游乐场，孩子们的欢笑飘荡在上空，萦绕在我的心头。

记得刚上初中没多久，正赶上清明节。学校的初一新生和老师都像往年一样去祭奠前辈。我们步行到烈士陵园，先到的班级在大门外规规矩矩排好队等候入场，气氛安静，没有人说一句话。全部到齐后，有秩序地从两侧班级开始进入。每个同学立正站在烈士纪念碑前默哀。我缓缓低下头，闭上眼，回忆着，脑海里如过电影般，共产党成立、南昌起义、长征路、新中国成立、改革开放……在这个过程中，有多少前辈英勇奋战、顽强拼搏、舍生取义，无论用怎样美丽的辞藻来形容都不为过。抬头望着烈士纪念碑，心中泛起神圣的信念。这并非我第一次来，但之前却从未有过这样的感受。

下面轮到老师代表和学生代表讲话。他们激情洋溢的演讲，深深触动了我的心灵深处。那铿锵有力的话语，坚定执着的眼神，使我深深地被感动了。

回到学校后，我忘不了那高耸的纪念碑，忘不了那些先烈前辈们。看着窗外高楼林立，听着车笛声声，我感受到现在拥有的一切，都源于前辈的拼搏，源于改革开放40年来人们共同的努力。

五洲广场上空悠扬的舞曲，儿童乐园里的欢声笑语，四棱山上的野花芳香，这里的一草一木，都蕴含着其塔木人民的辛勤付出。我衷心地祝福我的家乡越来越好，我为家乡其塔木而骄傲，我为家乡其塔木喝彩。

其塔木已经焕然一新

张婉莹

1978年12月，党的十一届三中全会在北京召开，这注定是一个不平凡的日子。邓小平做出的改革开放决策，改变了整个中国的命运，改变了中国人民的命运。

改革开放提高了人民的生活水平，衣、食、住、行都有很大的改变。身为00后，我是幸运的，因为我出生和成长在改革开放这样的好时代。但妈妈告诉我，她小时候的生活不是这样的。那时候家里的孩子多，最主要的是解决全家的温饱问题。那时没有各式各样的零食饮料，甚至连白米饭也不能每天都吃到。衣服也很少添置，通常是老大穿完老二穿，老二穿完老三穿，穿破了缝缝补补还能接着穿。一大家子人挤在小房子里，住的也不宽敞。出门多数人步行，有钱人家才有一辆自行车，冰箱彩电更是没见过……这些都是源于母亲的描述。但我知道的是，那时没有的我们现在都有了。一幢一幢的楼房，宽阔的柏油马路，家家户户的无线WIFI等，这些都是改革开放带给我们的，它使我们的衣食住行都发生了很大的变化。

改革开放改变了我们的穿着打扮。改革开放前商品供应匮乏，人们买衣服要凭布票，而且颜色和样式都十分单一，清一色中山装或解放装。改革开放后，随着人们收入的增加，物质生活水平的提高和思想的解放，以及科技的进步和电商的发展，人们的需求从穿暖变为穿得漂亮、时尚。各种电商平台的推广，让生活在小城镇的我们也能买到明星同款的时装。

改革开放改变了我们的饮食习惯。改革开放前，买什么都离不开票证，那时的人们只希望能吃得饱，对食物的味道并没有什么要求，但现在的我们对食品的要求与以往不同。我们不仅要吃得美味，还要吃得健康，追求绿色食品。

改革开放改变了我们的居住条件。在人们的观念里，房子是头等大事。近些年随着房地产的飞速发展，小城镇建设取得了很大成就。从改革开放前的毛坯房、筒子楼，到现在的瓦房、楼房、小洋楼。不仅人们的居住条件改变了，装修风格也改变了，欧式、中式、田园风格、日系等，还可以自己设计装修。改革开放不仅改变了我们的居住条件，还提高了我们的审美观念，以及对高品质生活的追求。

改革开放改变了我们的出行方式。改革开放前，人们多数靠步行，少数人家有自行车，但现在很多人家有了轿车，至于说摩托车、电动车就更加普及了。原先大量的自行车现在已经被淘汰了。还有为了环保横空出世的共享单车，都为人们的出行带来了便利。随着互联网的发展，我们乘火车、长途汽车前，只需要在网上订票即可，无须排队在窗口买票，这大大方便了人们的购票和出行。

改革开放后，外出旅行成为农村人新的休闲活动。五一劳动节、国庆黄金周，各大景点都是人满为患。四棱山是春游和秋游的好去处，在观赏自然景观的同时，还可以欣赏到清朝"吉林三杰"之一的成多禄的墓地，还有其塔木烈士陵园、萨满民俗博物馆等，都是参观旅游的好去处。改革开放以来，人们的生活方式和生活态度发生了改变，更加注重精神文化生活。

改革开放的40年，其塔木镇发生了巨大的改变，经济建设飞速发展，城镇面貌焕然一新，居民安居乐业，乡村文化活动丰富多彩。这些都要感谢党的领导，感谢党的改革开放的政策。

改革开放使其塔木展现新风采

赵亚波

1978 年是注定不平凡的一年。党的十一届三中全会被载入史册，成为新中国历史上最重要的里程碑之一。从此，我们走过了轰轰烈烈的 40 年，我们见证了春风化雨的 40 年。新中国成立时，中国人民站起来了。改革开放的 40 年，中国人民实现了从富起来到强起来的伟大飞跃，中国日益走近世界舞台中央。是什么给我们如此大的动力？是改革开放。是什么使我们发生沧海桑田般变化？是改革开放。又是什么让我们在 40 年后的今天能够安居乐业、进入小康？还是改革开放！这些年，人们的生活发生了翻天覆地的变化。我的家乡——其塔木镇也奇迹般地改变着。

昔日，我的家乡不过是一个小村庄。道路全部是土路，坑坑洼洼的。我脑海里那时的家乡，到处都是泥草房。屋前的道路冷冷清清，没工厂，没商店，更不要说路灯了。在当年，拥有一辆自行车代步，已经成了人们追求的目标。人们那时穿的衣服都有补丁，就像有一句俗话说的：新三年，旧三年，缝缝补补又三年。连鞋子也是靠母亲那双灵巧的手缝制出来的，有草鞋、有布鞋。在改革开放的浪潮中，我的家乡居然变成了一个小城镇，繁荣而昌盛，美丽而可爱，发生了翻天覆地的变化。

坐落在松花江畔的其塔木镇，是一座具有 600 余年历史的文化古镇，也是满、汉、回、朝鲜等多民族的聚居地，遗存了原生态的萨满文化。近年来，其塔木镇依托四棱山森林公园、关云德满族民俗博物馆、“吉林三杰”翘楚成多禄墓地、回族清真寺、朝族文化活动室、其塔木战斗烈士陵园等文化资源，大力发展生态旅游、红色旅游、民俗旅游，突显人文与自然的和谐，展示民间民俗文化，拉开了文化强镇、旅游兴镇的大幕。

四棱山位于九台区其塔木镇张大村，是吉林省文化名山之一，野生杜鹃花和满族香茶文化蜚声省内外。近几年来，其塔木镇党委、政府高度重视四棱山生态保护和文化遗产挖掘工作，积极推进四棱山森林公园规划建设。通过挖掘文化内涵，举办杜鹃花旅游节等活动，提升了四棱山景区的影响力、知名度和美誉度。

其塔木不但景色优美，而且土地肥沃，生态环境良好，无污染，是联合国粮食组织确定的黄金玉米带，玉米产量高，品质好，是全国的粮食生产基地之一。利用松花江灌区进行水稻生产，面积达 5 000 公顷，形成了一条水稻生产带。改革开放以来，其塔木镇农业机械化水平不断提升，粮食产量连创新高，翻了两番多。这里盛产的优质大米，畅销全国各地。

改革开放的 40 年，其塔木镇经济建设大展宏图，飞速发展。我们惊诧于家乡沧桑巨变的同时，怎能忘却，正是 40 年前那面改革开放的大旗，开拓了崭新的发展道路。让我们继续深化改革，大步前行吧！

沐浴着改革开放的春风成长

李　爽

40 年的时光足够漫长，40 年的时光又极为短暂，但它终归要成为一段历史，而这段历史又恰恰是五千年华夏文明最辉煌的那一部分。

1978 年 12 月，党中央召开了具有划时代意义的第十一届三中全会，打开了尘封几十年的国门，我们见到了新时代的曙光，这让我想起杜甫的一句诗“江汉春风起，风霜一夜除”。在大时代中，人们的小梦想更开放，更自由了，慢慢地更从容也更自信地迈向了小康生活。

作为一个 80 后，可以说我们是踩着改革开放的脚印长大的。应该说我们完全是沐浴在改革开放暖暖的春风中成长起来的最幸福的一代，用自己的成长见证着中华民族的辉煌历程。

在这 40 年里，作为一个土生土长的农村孩子，我目睹着其塔木乡村在新时代里发生的天翻地覆的变化，在时光轴下生动的“三农”演进。

过去讲的农民，多是社会身份，也有对应的概念，比如没文化、种地的、穷等。但改革开放之后，农民除了思想的解放，观念的更新，人们日常的衣食住行也一天天的好转，一步步迈向了小康的美好岁月。还依稀记得小时候父亲搬回家的第一台凯歌牌黑白电视机。每到晚饭后，家中狭小的厅里便挤满了左邻右舍的人们。慢慢地别人家也买了电视机；

慢慢地我家的电视机已经老的不愿工作，经常要给它一巴掌它才肯工作；慢慢地黑白电视机换成了彩色电视机，慢慢地又添置了电脑、平板电脑等。如今，我们有智能手机，当年那些曾经手持大哥大的人们，无法想象现在的我们只需滑动手指便能知晓天下。再看我们的住所，从土坯茅屋到现在的高楼林立，从黯淡无光到如今的流光溢彩。从前，在我们上学的教室里，写字的钢笔经常在冬天需要用嘴巴含着，才能把笔肚里冻冰的钢笔水暖化了写字。午餐的自带饭盒也经常是上面的饭不热，下面的已经糊了。而如今，其塔木小学、中学都盖起了教学楼，室内外设施完善，先进的现代化电子教学让孩子们的学习成绩和整体素质普遍提高。在从前“吃饭”代表的是填饱肚子，而如今人们讲究营养均衡，“食”已经不单单是生活的温饱品，它渐渐地变成了一门艺术、一门文化。40 年的上下求索，锐意进取，成就了今天的美好生活。40 年的时光荏苒，到底惊艳了谁的岁月？我想我不说您也知道的。

从 1978 年的三中全会，开启了改革开放历史新时期，到 1988 年邓小平在会见胡萨克总统时提出“科学技术是第一生产力”的著名论断；从 1997 年在外游离百余年的香港回归了祖国的怀抱，到 2001 年北京成功申奥；再从 2001 年中国正式成为世贸组织成员，到 2003 年成功着陆的神舟五号，无不印证了我们民族的崛起，祖国的强大。

作为一个 1982 年出生的 80 后，我们是新时代的代名词，感恩、善良、勇敢、努力是我们的风骨。有我们这群人的努力拼搏，未来应该是更加美好的。窗外阳光穿过树林落在建筑物上，每个角落都被阳光疼爱，小草在奋力生长，我们在期待远方。

文化之魂托起其塔木的明天

久泰平

发展旅游业，缺不了伴手礼。众所周知，伴手礼是出门到外地时，为亲友买的礼物。中华民族自古以来，人情味浓厚，凡出外或是回乡，为表关怀与礼数，都会携带随手的小礼物送给亲友。这些随手的伴手礼并不是价值不菲的名贵产品，而是代表着人与人之间情感的联系。一份小小的伴手礼却代表送礼者的心意，可谓礼轻情意重。

在“九台礼物”旅游伴手礼评选活动中，其塔木的玉米皮草编工艺品、其塔木榛蘑，在获选的8种产品中占了两席，成为九台旅游伴手礼。能获此殊荣，并非偶然，文化元素在其中起着一定的作用。

玉米皮草编工艺品和其塔木榛蘑两款产品，都出自九台区北大山农副产品开发有限公司。该公司法人代表是返乡创业青年贾文亮。2015年冬天，他放弃了外地十万元年薪的工作回到北山村，第一件事就是建起了九台区首个农村淘宝服务站。开办的股份制公司经营农副产品、土特产品，加工、包装、销售，农作物种植、畜禽养殖、产品销售，采摘、餐饮、住宿、乡村旅游服务等。在不少村民眼里，贾文亮有见识，点子多。比如，他的“私人定制”卖货方式就让大家知道了什么是诚信。返乡三年多了，贾文亮的梦想一个个在实现。

基层是怀揣建功立业理想的广大青年梦想起飞的地方，

也是广大青年施展拳脚、发挥无限创造力的广阔天地，是创造出彩人生的宽阔舞台。无数人生成功的事实表明，青年时代选择吃苦，也就选择了收获，选择奉献也就选择了高尚。梦在前方、路在脚下，自胜自强、自强者胜。基层是青年施展才华、大有作为的最好沃土。贾文亮不仅自己创业，还在镇团委的引导下，组织青年团员学习《习近平的七年知青岁月》，带领有志青年增强扎根基层建功立业意识，努力在创业中成为有文化、有理想、有作为的新时代有用人才。

其塔木是一座具有六百余年历史的文化古镇——出现过“吉林三杰”翘楚成多禄等众多文化名人，是“三下江南”战役发起纪念地，清朝皇家贡粮基地打牲乌拉五官屯所在地，同时，也是满族传统聚居地，遗存了原生态的萨满文化。满族瓜尔佳关氏祭祖习俗被誉为研究“萨满文化的活化石”，国家级非遗传承人关云德的满族剪纸更为这片灵山秀水增添了生气。优秀传统文化要传承，更要创新，新时代打造“文化其塔木”，更需要用现代眼光打造品牌。为此，其塔木镇围绕关云德民俗博物馆，突出萨满文化特色，支持农民画闯市场，建成了成多禄文化公园，打造“中国民间文化艺术之乡”品牌；依托松花江、忆江南温泉度假村、四棱山、牛头山水库等资源，举办四棱山徒步露营大会、杜鹃花节等群众性文体活动，不断巩固提升农家乐品牌的影响力；依托人文资源和自然资源，建设“三下江南”战役纪念馆，打造特色旅游复合型景区，擦亮原生态旅游品牌。

文化兴带动百业兴。其塔木镇素有“农民画之乡”的美誉，这块黑土地，以其质朴、纯厚、火热的民风民俗，充满朝气的现实生活，形成了激活现代民间绘画艺术的土壤，赋予了草根艺术家们创作的激情与灵感。以王庆阳、姜兴淼等为代表的 20 世纪 70 年代的老作者，以王硕林、梁宇、高桂苓等为代表的新一代农民画作者，他们立足家乡沃土，传承民间美术的优长，发挥自身的聪明才智和人文理念，创作出一幅幅乡土气息浓厚、饱满生动、活灵活现的农民画作品。这些作品受到社会各界关注，好评如潮。2011 年 11 月，其塔木镇获得国家文化部命名的“中国民间文化艺术之乡”荣誉称号。在脱贫攻坚的大潮中，农民画爱好者高桂苓，一边画画，一边养蜂酿蜜，担起了带领村民脱贫创业的重任。她结合着时代的脉搏，用手中的画笔描绘出了其塔木人民的幸福生活。

风吹稻花香两岸，绿水青山带笑颜，是其塔木人的生态梦。凭借得天独厚的自然条件，其塔木五官屯贡米栽培系统 2017 年被农业部录入第四批中国重要农业文化遗产名单。以绿满九台行动为载体，推进四棱山森林公园规划建设。在全省率先注册张大村、北山村、冯家村三个村级林场，以张大村四棱山绿色生态长廊、牛头山水库湿地绿化改造、三个山区村退耕还林、七个绿化村屯建设、四条村路绿化和街区绿化为重点，全力打造环屯林、宅旁林、经济林，把生态理念真正融入发展血脉。生活在其塔木，感受到的是鲜花盛开、绿树成荫、花果飘香，处处散发着建设绿色生态强镇的浓烈气息。

文化使其塔木这片土地变得耐人寻味，丰饶的物产让这里熠熠生辉、处处是宝。站在十九大实施乡村振兴战略的新起点上，如何以文化促进乡村振兴仍然是个新课题。当乡村农业的生产和观光组合为共同体，当乡村成为城市居民的另一个家园，当农民傍晚在文化大院开唱，当民俗故事在新生代中广为流传，当精神空间里的一日三餐能有序供应，这时候的其塔木将花开四季，美丽动人。

神奇的土地　激越的赞歌

高淑范

其塔木镇是东北塞外的一颗明珠，它坐落在美丽的松花江畔，是一座具有600余年历史的文化古镇。

其塔木不是平凡的小镇。她是中国民间文化艺术之乡，是中国萨满文化之乡，是清代皇粮贡米的发生地。

这里，山清水秀、百花盛开；这里，沃野连片、川帆争流；这里，绿树掩映、垂柳飞絮；这里，人文荟萃、民风淳朴。

美丽的其塔木如诗如画。

春天，草木繁茂。漫山遍野的杜鹃花，绽放在四棱山上。

夏天，百花盛开，多少山珍野菜，葳蕤于山岭之上。绿意浓浓，清香袭人。

秋天，绝无萧瑟之感。秋高气爽，秋实盎然。苹果、海棠、晚李、山里红等，不仅让你赏心悦目，还让你大快朵颐。

冬天，银装素裹，原驰蜡象。白皑皑起伏跌宕，洗涤了天空，净化了视野，让人感到其塔木的沉静与素雅。

其塔木是一片神奇的土地。牛头山水库山水相映；大美四棱山，登高览胜，心旷神怡；第二松花江烟波浩渺，白帆点点；尤其是其塔木“百年大集”更是久负盛名。

时序更替，我们倾听岁月走过的声音。风雨40年，其塔木人摒弃旧俗，砥砺奋进，五万勤劳勇敢的父老乡亲，用自己的智慧和汗水，将这“一山二水七分田”，建设成为繁荣富强的宜居圣地。

其塔木之美，既有她风情万种的“硬件”支撑，更有她潜心发展的“软实力”装备。

改革大潮波澜壮阔，百舸争流，勤劳、睿智、敢为人先的其塔木人，善于审时度势抓契机，奋力开拓创一流。

加快经济发展的时代最强音，如重锤击鼓，响彻其塔木。

镇党委、镇政府以转变农业发展方式为手段，以提高农民生活品质为目标，坚持“项目拉动，商贸强镇”的发展思路，全面拉动镇域经济和文化产业建设，积极生动地勾勒出一幅生产发展、生活富裕、乡风文明、村容整洁的社会主义新农村的美好画卷。

五州商贸城是其塔木镇的大型龙头企业，经过全体员工的辛勤努力，已建成了以服装、百货、农贸为主的三大商场，形成了种子化肥一条街、农贸农机一条街、餐饮娱乐一条街，有效地拉动了地方经济。

其塔木是一部英雄的史诗。轻风晓月，穿过葱茏的叶脉，其塔木厚重的历史都沉积在峰峰岭岭，沟沟壑壑之中。历史回溯到清末民初，吉林三杰之一的成多禄，就出生在这块土地上。他一生清廉，才华出众，精诗文，工书法，诗词、墨迹驰名全国。

其塔木烈士纪念碑，庄严肃穆，沉郁着红色的记忆。70年前的激烈枪声，先行者用鲜血写下了崇高的信仰。无数先烈用自己的鲜血和生命迎来了黎明的钟声，红色的脚印留下了历史上的璀璨。

其塔木是一首激越的赞歌。世事更迭、地覆天翻。今天的其塔木，政通、人和、家兴。安居乐业、衣食充盈、社稷繁荣。

牵华灯万盏，携一溪清泉。种千顷稼禾，辟万亩稻田。那些开满大街小巷的文化之花，虽没有宋词的婉约，没有唐诗的清韵，却有着春天般的蓬勃，夏天般的新绿，信手拈来，全是和煦而温馨。

满族文化，民俗风情，多彩的边台元素。成多禄文化广场，北山村党群致富创业园、村级互助养老幸福院、民俗博物馆、西山清真寺、朝鲜族文化活动中心、关云德剪纸、高桂苓书画，吸引了多少关注的目光。当夕阳又落，华灯初上，多少其塔木儿女，把装满幸福的行囊背回了家乡。

其塔木，这吉祥的神木，以迅雷不及掩耳之势，崛起在东北平原上。绿色大米，丰富的药材，玉米叶编织，山野菜、土豆干、黄瓜钱等土特产，通过网络，走上超市，走向全国。所有这些，不再是飘渺的幻影，这是一部由其塔木所有的劳动者创作的音乐交响史诗。

其塔木，你是远方游子顶礼膜拜的神祇，你是千万子民日日耕耘的良田。当五万双勤劳的手从你的泥土里炼出一颗金丹时，这颗金丹的名字叫——腾飞！

其塔木的父老乡亲，把心完全交给了黎明，交给了梦想。在这方挥洒汗水的热土上，你们坚实地走，动情地唱，每个人都在用激越的心跳来感知其塔木的脉搏，每个人都在用不懈的拼搏为家乡增光！

其塔木，你是松花江畔浮出的智慧，你是四棱山下不朽的传奇。你赤诚的忠贞，将成为千秋万代的永恒灵魂。

边台其塔木，美哉，壮哉，奇哉！生此者，缘也！长此者，福也！终此者，幸也！

迎着春风阔步向前

赵 霞

在我的家乡，有一座美丽而又溢满文化气息的小镇——其塔木。过去的其塔木镇是一位饱经沧桑的老人，因为它有厚重的历史，一枕江流诉说着一个又一个感人的故事。他也是一位钢铁般的战士，坐落于三市交会处，是陆路、水路交通要塞，以独有的质朴和坚定守望着这方神圣的土地。今天，其塔木则是一位意气风发的青壮年，沐浴了 40 年改革开放的春风，这“一山二水七分田”正以崭新的面貌为家乡展开一幅秀美的画卷。

广袤而肥沃的土地为乡民们捧出了丰富的物产。

第二松花江粼粼的碧波里跳跃着鲜肥的鱼儿，朝霞弥漫的清晨，或是斜晖落落的傍晚，一条条小船撒下银灰色的渔网，打捞起一段段鲜活的时光，人们幸福的欢笑声像是长了翅膀一样，飞上江畔，飞上枝头，飞到天边的云彩上。辽阔的大地如母亲温柔的怀抱，各种农作物一茬又一茬，年年铺展成人们眼底的希望。这里的稻米曾是清朝进贡的皇粮，今天，这里仍是闻名遐迩的贡米之乡。不仅仅是松花江水灌溉的稻米出色，这里的玉米也是产量高、品质好，被联合国粮食组织确定为黄金玉米带。其塔木还有丰富的矿产资源，镇境内有萤石、铁矿、浮石、建筑石等矿藏，其中牛头山储量 65 万吨的萤石，张大村储量 60 万吨的建筑石材。其塔木镇还是全省有名的牧业强乡之一。

一方水土养一方人，其塔木地灵人杰，培养了一批又一批优秀儿女。

这里是享誉全国的吉林三杰翘楚成多禄的故乡，成公的风采是其塔木人的骄傲和自豪，是无数后人仰望的高度。这里是解放战争中其塔木攻坚战的战场，有无数革命烈士将青春、热血和生命留在这片土地上，不屈的意志和忘我的精神是烈士们留给我们的最宝贵的遗产。他们使这片土地更加厚重，使后代子孙更加坚强而果敢。于是，在改革的浪潮中，在镇政府各级领导的带领和扶持下，涌现出一大批新时代杰出的人物。

九台区萨满文化第一人关云德，是萨满文化传承人，也是我国著名农民收藏家、剪纸艺术家。多年的萨满文化研究和民俗用品、民间艺术品、农耕用具收藏，让关云德内心萌生了建造一座博物馆的想法，让这些收藏品能成为传承萨满文化和东北民俗文化的活教材。在长春市及九台市政府的大力支持下，吉林省农民收藏博物馆终于落成了。这家博物馆的全部藏品共2万余件，全部由关云德个人提供，藏品以民俗用品为主，从古到今，涵盖了东北农耕文化、渔猎文化、森林文化、萨满文化，具有浓郁的地方特色和文化底蕴。博物馆占地面积1万平方米，建筑面积2 200平方米。

改革的春风吹开了文化艺术的花朵，其塔木镇已基本形成了以满族剪纸、满族祭祖习俗、农民画为代表的多元并存、共同繁荣的文化格局。农民画艺术家高桂苓目前已拥有了自己的绘画工作室，创作的农民画色彩明丽，蕴含丰富，花鸟鱼龙在她的手下逼真灵动，二十四孝图更是具有教育内涵。一幅幅生动的画作，像是春风春雨中绽开的雏菊，质朴中不失绚丽与芬芳。如今，其塔木已成为中国农民画艺术之乡，正以其娇美的姿态为乡村改革发展的梦想添上了浓墨重彩的一笔！

浓郁的文化气息，丰富的地理资源，蓬勃的发展前景，吸引了许多有识之士到这里创业。五洲集团慧眼独具，选中这里建筑了 30 余栋住宅及商场，项目经理赵世群自豪地说，其塔木的乡民正陆续从平房搬进高楼大厦，这个小城镇正昂首阔步在小康大道上。大学生贾文亮毕业后，更是选择了回到其塔木开创自己的事业，他将家乡的特产远销外地，走向全国。未来的某天，还要打进国际市场。除了皇粮贡米，这里还有笨鸡蛋、蜂蜜、江鲤鱼、山野菜，其塔木镇的商业发展蒸蒸日上！

这是一幅改革发展的宏图，这是一幅山乡巨变的画卷。在九台区知名摄影师蔡正环老师的镜头下，其塔木镇已从历史的深处走出来，40 年的改革开放让古老的乡镇焕然一新。今天的这方沃土上，百姓丰衣足食，老有所养，幼有所依，农业、牧业、手工业、文化、教育、养老服务，百业俱兴。其塔木镇在改革开放的洪流中勇立潮头，迎着改革的春风，正在阔步走向光辉灿烂的明天！

诗词集萃篇

【其塔木之歌】

其塔木镇赋

兆　林

其塔木镇，边台明星。沃野如茵，水碧山青。临松江而倚棱山，连乌拉而走黄龙。接天稻菽，似映日繁花；溢彩楼群，如南国春城。经贸百业，风鹏正举；儿女五万，凤翥龙腾。

壮哉其塔木！人文厚重，物产丰盈。君不见，辽金留迹胡人渺，大明卫所狼烟升。君不见，先民披荆斩棘开田垅，前辈背井离乡闯关东。鹰猎冰鱼，尽显彪悍野趣；萨满皮鼓，响穷神幻幽情。乌拉官屯，盛产皇粮贡米；成公多禄，传扬文翰美名。英雄逐鹿，兵发江南，首战其塔木街；沃土血染，忠魂弥漫，砥砺刚烈民风。

兴哉其塔木！经贸奋进，如浪逐涛。联产承包，奏响乡村致富新曲；招商引资，掀起产业繁荣热潮。牛马匿声，终结千年农耕时代；农机轰鸣，演绎现代农业狂飙。五洲城商业中心，商品琳琅满目；其塔木百年大集，人潮熙攘喧嚣。市场导向，民企创业争雄；电商蜂起，土特产品畅销。光灼灼能人辈出，喜洋洋业绩新高。

富哉其塔木！小康生活，展现新貌。烹皇粮新大米，吃环保鲜菜肴。姑娘靓丽，夏着绫罗纱绮；小伙新潮，冬穿羽绒裘貂。寻常村落，砖房小楼比美；乡镇社区，轩昂楼群争娇。小轿车入农家，数量日增；摩托车户户有，便捷高效。上学坐校车，孩童乐在心里；治病有医保，翁妪喜上眉梢。

生活幸福，圆丰衣足食美梦；人寿年丰，谱富民强镇歌谣。

美哉其塔木！乡土文化，溢彩流芳。萨满民俗展览馆，激荡关东神韵；革命烈士纪念园，弘扬红色华章。剪纸草编，惊诧姑嫂巧手；憨态乡画，弥漫泥土芳香。牛头湖碧波荡漾，闻小妹渔歌唱晚；四棱山春花烂漫，引外埠游人观光。伴晚霞余晖，村社广场农夫村姑热舞；逢佳节吉日，乡镇中心秧歌手鼓飞扬。翰墨丹青，屡获大奖；草根艺人，名震四方。

颂千言，歌万曲，难言盛况；挥衣袖，赋新辞，意兴张扬。祝父老乡亲永葆福祉，财源兴旺；愿吾乡热土云蒸霞蔚，丰饶久长。

庆祝建国七十周年

王双义

革命征程举步艰，
重重险阻远扬帆。
南湖船里谁播种，
赤水河边炮震天。
苦雨凄风担道义，
惊涛骇浪破敌肝。
天安门上国旗艳，
崛起中华兴巨澜。

七 十 年 放 歌

贾玉新

你是一部五千页的宏著，
记录着华夏民族的喜怒哀乐。
你是一艘航行了五千年的巨轮，
劈波斩浪，历尽坎坷。

七十年前，
“华人与狗不许入内”的标牌，
堂皇立在上海滩边的公园门口。
关东大地上的炎黄子孙，
居然不许把仓颉的汉字学说。
被人讥讽为孱弱的“东亚病夫”
任凭列强像羔羊一样宰割。
经过血与火的洗礼，
经过灵与肉的拼搏，
开天辟地的镰刀斧头，
锻造出了一个崭新的中国！

七十年后，
你挺起了巨人的脊梁，
昂然屹立在世界的东方。
你用勤劳的双手，

在荒原上奋力开拓。
你不再是任人欺凌的“病夫”，
你是强健的雄狮，
昂首挺胸，威武壮硕。
长江浪花，弹出了强劲的新曲；
千山万壑，奏出了时代的新歌。
举国上下为“两个一百年”，
砥砺前行，埋头苦干。
十三亿人，为圆中国梦，
携手并肩，奋勇拼搏。
中国高铁，驶向了远方世界。
中国“天眼”，洞穿着宇宙银河。
航母扬威，人民海军向深蓝挺进。
嫦娥奔月，飞船在浩瀚天际飞过。
一桥飞架，零丁洋从此不再寂寞。
看，北疆沙场，兵尘滚滚。
听，南海战舰，擒龙掠波。
从攻坚扶贫到科技创新，
从强军之路到依法治国，
从深化改革到扩大开放，
从一带一路到金砖合作，
从站起来，富起来，到强起来，
厉害了，我的国！

江河奔流不息，
千帆竞驶而过。
看吧，新时代的伟大旗帜，
飘扬在巍峨的巅峰，
永远不落，永远不落！

祖国七十华诞颂

邬秀珍

庆贺建国七十龄，
放歌五月赞繁荣。
三江五岳吟盛世，
神州古国布新程。
北望江山千里共，
南瞻港澳五洲通。
东方巨龙正崛起，
改革开放世界惊。
科技领先创奇迹，
南海亮剑斗顽熊。
嫦娥奔月开新路，
航母破浪展雄风。
一带一路志高远，
伟大复兴中国梦。
世界瞩目赞中国，
宇宙同唱东方红。

站在党旗下宣誓

高淑范

七月，见证着党旗上那永远的火红。
七月，澎湃着我们心头永远的涛声。
七月，我们聆听了一堂生动的党课。
七月，我们感受着理想信仰的忠诚。
又一次站在镰刀与铁锤下，
几十位党员举起右手，
面对党旗再一次誓言铮铮，
这声音气壮山河，堂堂正正。
站在党旗下宣誓，
我们想到了 98 年的征程，
从草鞋出发的历险，
一步步地走出了史无前例的万里长征。
罗霄井冈，延安窑洞，
八一军旗猎猎，
人民解放军占领南京。
千百辆支前的独轮车，
穿越烽火硝烟，
推动着三大战役的成功。
新中国成立，党领导全国人民，
创造了无数的伟绩丰功。
三峡大坝，海洋钻井，

奥运之光，飞船升空。
更高的目标从党旗下升起，
新鲜的命题走进社会和谐之中。
党旗指引我们崇高的信念，
一带一路，正走在十三五的进程。
站在党旗下宣誓，
中华五千年的史册里，
圈点着炎黄子孙的与众不同。
站在党旗下宣誓，
不忘初心，牢记使命，
在九百六十万平方千米土地上，
书写着共产党员的梦想与光荣。

中 华 梦 圆

曲春明

是谁的巧手剪出春花烂漫？
是什么神灵赐给人民的幸福今天？
龙腾盛世，凤翔九天。
天下归心，华夏梦圆。
四海清平，江山如磐。
小康社会，实现在即。
民族复兴，并非虚幻。
走有特色的中国社会主义道路，
胜利凯歌唱到永远！永远！

因何能有中华的今天，
是一代代领导人承前启后，
是共产党人初心不变，使命牢记心田。
领导人民前赴后继，浴血奋战，
推翻三座大山，建立人民政权。
冲破浊浪过险滩，披荆斩棘谋发展，
改革深化高峰攀，一步一层天。
描绘出眼前的绝美画图，
谱写出史无前例的壮丽诗篇。

赞 十 九 大

曲春明

十九大的雷声，
动地起洪钟，
掀起山呼海啸风。
千古中华地，
万里箭张弓。
中华梦，
民族复兴，
气势壮如虹。
凝心聚力跟党走，
美梦终将成。

祖国永远是我心中的歌

徐丽娜

巍巍长白山，
铭记岁月的沧桑。
滔滔松江水，
印证历史的足迹。
在流金淌银的岁月，
我们赞扬建国七十年的伟大成就。
站在其塔木这块沃土，
让我们放声高歌。

热爱我们的祖国，
放眼神州立足家乡。
歌唱我们的祖国，
让我们敞开心扉，
讴歌您七十载的绚丽诗篇。

从嘉兴游船上的中共第一次会议，
到世人瞩目的十九大胜利召开。
中国共产党经历了无数的坎坷曲折，
带领人民踏上了民族复兴的伟大征程。

从四九年天安门城楼上世界伟人的宣言，

到全面建成小康社会实现中国梦。
中国共产党人正践行着自己的诺言，
辉煌成就证明了古老的中国正昂首前行。

不忘初心继续前进，
为人民服务是我党根本宗旨的体现。
打虎拍蝇，取信于民。
深化改革，赢得民心。
改善民生是复兴之本，
发展经济是梦想之基。

一带一路显神威，
中华巨龙已腾飞。
大环境，小气候，
古镇今昔是缩影。
看我关东古镇其塔木，
人杰地灵出才俊。
民风和民俗文化，
独具特色异彩纷呈。
成多禄先生的故园，
词韵流淌诗风飘荡。
满族剪纸享誉关东大地，
朝族美食文化久负盛名。

根植这块热土，
品味这浓浓乡情。
生活在这块土地，
民族团结和谐其乐融融。

松花江白帆点点翔鸥唱，
牛头山烟波浩渺稻花香。
鱼米丰产赛江南，
关东古镇美名扬。

一山二水七分田，
养育淳朴古镇人。
农林牧副大发展，
富民强镇百业兴。

打造商贸重镇高瞻远瞩，
崛起的五洲新城是最好的证明。
其塔木人民创建家园敢争先，
小城镇建设日新月异美画图。
美丽的家乡如诗如画，
今天的其塔木欣欣向荣。
赞美我亲爱的祖国，
您永远是我心中的歌。

文脉上的一缕芳香

倬 佛

扑面而来的民风民俗，
对美丽自然的崇拜欣赏，
全都汇进剪刀与纸张，
定格成粗犷豪放的流畅。
把老百姓的中国梦，
剪成满族古朴的诗行，
装点江山多娇的画卷，
树起民族文化的脊梁。

关云德满族剪纸，
中华文脉上的一缕芳香。
这一双布满老茧的大手，
被朱军握成艺术人生的雕像。
小小的一张纸在几秒钟里，
撕扯成荧屏上的千古流芳。

十九大精神给你的剪纸，
输入了一抹神奇之光。
你用传习所的力量，剪出了新时代的景象。
你把乡村振兴战略，剪成了飞天的美好向往。

剪一座楼宇是新农村建设的模样，
剪一道柳边就有新奇的故事流淌。

剪纸里有村童吹着柳笛的故事，
剪纸里有天宫大战的神仙来往。
剪纸里有霞光映照路宽广，
剪纸里有春风拂柳情丝长。
剪纸里有五谷丰登的喜悦，
剪纸里有山河壮美的交响。
剪纸里有心灵浓缩的慈善，
剪纸里有理想寄托的飞翔。

灵巧的双手铺锦绣，
小小的剪刀绘吉祥。
千千万万的剪纸长翅膀，
飞越天南地北四面八方。
不管黑皮肤的点赞，
还是蓝眼睛的珍藏，
呈现的是华夏的灵秀，
展示的是中国的吉祥。

小小的剪纸，点亮了西方惊叹的目光。
萨满的文化，融进了世界文化的汪洋。
关云德的名字，闪烁着一道卓异的光芒。
关云德的名字，飘荡着一缕独特的芳香。

不忘初心　放飞梦想

纪振秋

七十年，风雨兼程，岁月沧桑。
七十年，牢记使命，不忘信仰。
七十年里片片飘落的日历，
是盘点其塔木人丰收和喜悦的一枚枚勋章。

是改革让古老小镇高楼林立，
是开放让域内经济飞速增长。
不忘初心，全镇上下携手前行，
砥砺了一支壮大经济发展的五洲商业劲旅。
放飞梦想，家乡儿女铸就誓言，
打造了百余镇域品牌在全国各地纷纷唱响。

四棱山脉，横亘 207 平方千米的土地彰显厚重。
松花江水，承载五万其塔木人的追求奔涌流淌。
吉林省农民收藏博物馆，坐落在这片土地，
展示着古老的关东文化，两万余件展品在里面珍藏。

牛头山湿地，四棱山森林公园，
借助绿满九台的载体，
打造生态绿色的视野长廊。

农村淘宝，再创佳绩。
在阿里巴巴平台上，全面实现“农货进城，城货下乡”。

服务百姓，同享小康。
其塔木人休闲娱乐有了好去处，
那是以成多禄先生命名的文化大广场。

经济强镇，
以助推经济发展为目标，
稳生产，增效益，勇担当。

区位优势，
以投身振兴东北建设为引领，
提素质，抓改革，创辉煌。

付出总有回报，
那些风雨历程，聚焦成缩影。
那些艰难困苦，定格为景象。
一路向前的，是我们走向全面建设小康社会的希望。

改革发展的新号角一阵阵袭来，
家园繁荣的新画卷一帧帧展开。
启迪心灵的，是春风万里中的满眼芬芳。

让我们不忘初心、放飞梦想，
在创新发展中拼搏进取，
在改革开放里乘风破浪，
在“一带一路”中奋勇前行，
用青春和热血铸就伟大中国梦的辉煌。

浓浓故乡情

魏淑香

是谁？
拂袖轻舞，
散落了满山的杜鹃，
才有这沁人心脾的芬芳。

是谁？
醉酒当歌，
溢出松花江上清澈的流水，
才有两岸的稻谷飘香。

是谁？
宅心博爱，
养育了一代代勤劳淳朴的人，
才实现一个又一个伟大的梦想。

是你，
我可爱的故乡，
是你，
这个让我魂牵梦绕的美丽地方！

故乡的情思

宫海凤

从前，
家乡是母亲眼角的忧伤，
是父亲紧锁的愁眉。
夏日的雨季，
漏雨的屋顶，
嗒嗒滴滴，
像是粒粒石子，
砸在母亲心里。
家乡啊，
在困境中顽强向前，
是改革的春风，
吹绿了华夏的土地，
处处焕发勃勃生机和希望。

而今，
家乡是母亲心中流淌的欢乐，
是父亲脸上舒展的双眉，
是孩子吃穿无忧的童年记忆，
是兄弟姐妹光鲜靓丽的着装。

家乡，

是一排排整齐的砖瓦房，
是一条条平整的水泥路，
是一片片高产的责任田，
是一条条清澈的大江和小溪。

家乡，
是春天里的杜鹃花，
是夏天里的塔吊车，
是秋天里的收割机，
是冬天里的捕鱼节。

家乡，
是街边琳琅满目的商铺，
是拔地而起的座座高楼，
是青山碧水的牛头山水库，
是花团锦簇的成多禄公园，
是莺歌燕舞的时代广场，
是穿梭不息的车流奔忙。

家乡，
从贫穷中走来，
在梦想中起航。
乘着改革的春风，
带着民族复兴的伟大理想，
踏着自信的脚步，
走向繁荣走向富强。

家　乡　美

陈一博

松涛声声像那交响的乐章，
青松相拥是团结的象征，
傲然挺拔是故乡的栋梁。
四面环山飘着花香，
依山傍水秀丽风光。
小河流淌波光粼粼，
绿树成荫显得更加辉煌。
魂牵梦绕的其塔木啊，
是父老乡亲们抒写的诗行。
几十年的心血，
一辈子的梦想，
铸成了坚实的地基，
支撑起房屋的脊梁。
一个个发家致富的青年骨干，
宣告了新农村的繁荣与富强。
现代文明走进了寻常人家，
每家每户生活在梦幻天堂。
孩子们唱起欢快的歌谣，
幸福的歌声在乡村回荡！

梦会开花的路上

关晓娇

山河飘零，
时代变迁，
逾越风雨岁月，
历经时代沧桑。
改革创新的使命感、责任感，
从未黯淡。
热血涌流的红色基因，
洒向奔腾万里的松花江畔。

回首往事，让后辈昂首。
搭浮桥，铺坦途，
种树林，开荒地，
不畏松花江水险，不怕冬风刺骨寒。
舍身忘己，开拓创新。
其塔木由小变大、由旧变新。
砥砺奋进抓党建的豪气，
强化党建带脱贫的信念，
理想不灭，信念不忘。
这脱贫致富的情怀，
这改革创新的豪迈，
烙印在其塔木人的胸膛。

面向未来，
逐梦途上正激昂。
明镜照形，奋力前行，
“三带一保”显成效。
抓党建，强队伍，
聘“村长”，建大棚，
修村路，打水井，
做表率，当先锋，
向建国七十华诞献礼！

萨满古镇秀丽山河，
一幕幕记忆，
滋养灵魂奋发向上。
松花江水，
流淌在繁花似锦的路上。

山花烂漫话古镇

安　宁

如果说我和你的邂逅，
是前世今生的缘。
那你的名字，
就是我乡音最美的注脚。
其塔木，一个满语的称谓，
就像母亲的名字流淌在我的心间。
当杜鹃花开满山冈，
我总会在如海的情思里徜徉。
饮一杯乡愁的酒啊，
醉倒在你一路的芬芳。
就这样，嗅着你的芬芳攀上山巅，
让呼啸的山风扑入我火热的胸膛。
啊！炊烟袅袅，流水人家，
是我故乡不变的模样。

天涯尽头，往事悠悠，
努尔哈赤的铁骑在这里纵横驰骋。
古渡流水，铁船硝烟，
康熙大帝北巡在这里渡江宿营。
一声啼哭降圣贤，
成公多禄，百世流芳，

诗书节义留下永恒的光芒。

历史烟消云散，
眼前江山如画。
柳绿莺啼，
古镇正容光焕发。
松江如玉带，
白帆点点，渔歌晚唱。
高楼拔地起，
一片繁荣只语片言难说详。
我只想对你倾诉，
我心中的热爱与眷恋。
不管经历多少风霜，
我都会守护你永远青春的荣光。

岁月温润　写意故乡

王雅玲

走在盛夏的黄昏，
踏行葱郁的草地，
蝴蝶儿飞腾着，
伴着蝉鸣，摇曳着夏的梦境。
河边上的老牛呀，吱吱扭扭，
从舒婷的诗行里发出历史的闷响。
童年的村庄摒弃了儿时的些许欢乐，
墙角的爬山虎已越过墙围缠绕着，
把火热的盛夏揽入胸怀。
门前那条土坡，
曾经落满脚印的地方。
我只是清楚地记得，
那些欢乐关在了久别的小院里面。
我依旧喜欢这个地方，
喜欢朝霞落满山岗，
燕雀跳跃树梢，
孩子的欢笑，在小院里飘荡。
还有什么比这更向往的呢?
蝴蝶从那个遥远的地方飞来，
又飞向遥远的地方。
迈着沉重的步伐，

我只能在乡间小路上蠕动，
我离不了，离不了这个多情的地方。
也许爱一种事物，并不需要理由。
一个瞬间，一个动作，一个眼神，
便终定为一种信念，一种希望，
梦魂常绕在故乡。

其 塔 木 赞

梁瑞哲

我的家乡其塔木，
一山二水七分田。
长吉农业生态带，
玉米水稻美名传。
四棱山谷野菜盛，
牛头斧劈一线天。
三月冰凌花伴雪，
五月杜鹃压枝繁。
七月葡萄花千树，
九月稻花飘满天。
三下江南排头阵，
四保临江红旗展。
吉林三杰成多禄，
诗笔双绝翘楚贤。
非遗传承关云德，
萨满文化修成馆。
我辈学子逢盛世，
自当善学建家园。
江山代有才人出，
各领风骚数百年！

传承者之歌

刘承芳

四棱山上的杜鹃花呵，
你长了多少年，开了多少载，
可你呀，是否超过萨满剪纸鲜艳的色彩？

滔滔北去的松花江呵。
你涨过多少回，流过多少代，
可你呀，是否诉说过萨满剪纸的由来？

你的脚下，你的岸边，
那是一块人文厚重的地带。
这里的关云德老人，
把萨满剪纸一代代传承下来。

东北过去的“三大奇”，
满族历史的“三大怪”，
“西游记”中师徒降妖驱霾，
“八仙”里除恶扬善的李铁拐。
美妙的构图件件巧妙，
神奇的剪刀刀刀厉害！
让传统文化大放异彩，
又牢牢把握讴歌当代。

"如此断案"警示司法不容破坏,
"年关送"呼喊党内严惩腐败!
"中国梦"与家乡梦结合起来,
"新时代"人人要做振兴乡村的表率。

一支笔描出对家乡未来的期待,
一把剪裁出善恶在阳光下晾晒。
尽管你的手茧一层层加厚,
作品却一件件在展台上铺开。
你民族的服饰依旧亮丽,
传承的初心一点没改。

曾与朱军对话央视舞台,
又把多顶艺术家桂冠佩戴。
一张张剪纸被人收藏,又一件件销往中外。
而你的脚步一直没歪,
入党的誓言还那样坚定、豪迈!

有人说,你的剪纸像一盘白菜,
虽不在珍馐中列摆,
可它根吮地脉、民众喜爱。
而我看更像是一碟海带,
虽不列海鲜族的头排,
可味道纯正,最能补钙!
在奋斗的路上从不徘徊,
用晚霞点缀着文化九台。
啊,萨满的瑰宝,家乡的英才,
愿你的剪纸之花永远盛开,
愿你的传承年年代代。

其塔木抒怀

杨丽娜

松花江蜿蜒流淌，
四棱山彰显脊梁。
先辈闯关东的犁铧，
开垦出这片黝黑的沃壤。
商贸重镇历经百年的辉煌，
其塔木似一颗明珠在柳条边闪亮。

当四棱山的杜鹃花尚未绽放，
北大山的蕨菜还来不及伸开巴掌，
牛头山水库的渔民还在等待开河布网，
五官屯农场的铁牛还未鸣响，
这些美丽的田园风光，
早已裱入其塔木农民画的画框。

满族民俗博物馆里件件展品饱经沧桑，
勾起你对往昔生活的怀想。
其塔木烈士陵园，
让你想起三下江南、四保临江。

春季花漫山，夏季鱼满江，
秋季稻花香哟，冬季雾凇兆吉祥。

五洲小区美，座座新楼房。
村村走富路，家家奔小康。

古老的耕作文化，
在刘家满族村传承。
昔日朝贡品，
今朝百姓粮。

“吉林三杰”之一成多禄长眠在成家瓦房，
热闹的仍然是西山的渔猎，
飘香的还是南陌的稻粮。
成公的诗书血液仍在流淌，
唐声宋韵抑扬顿挫着村娃们的课堂。

改革开放四十载风雨沧桑，
其塔木改变了模样。
新居不见泥草房，
出行轿车遍村庄，
娱乐休闲有广场。
惠民政策好，
人人笑脸扬。
愿其塔木明天会更美，
地杰人灵的家乡更辉煌！

咏家乡其塔木

吴文昌

民俗文化馆

石磙摇车犁耙耧，
撩人故事染尘埃。
莫嫌乡土缺风雅，
万物多从土里来。

吉林三杰塑像

聚首虽难更重情，
惺惺久已惜惺惺。
誉高不是因官显，
腹满文华自有名。

皇　粮　碑

尘封虽浅也沧桑，
曾纪丰饶贡庙堂。
地覆天翻今胜昔，
农家不再缴皇粮。

成多禄书法作品

笔卷风云砚起澜，

沉雄结字气如山。
后昆不负前贤志，
蓄得梅香慰苦寒。

关云德满族剪纸

古朴清新乡土风，
精微奇巧掩天工。
珍禽异兽神仙女，
都在平常刀剪中。

醉意朦胧入桃园

高　薇

翩然入梦遁远山，
幽谷小筑养天年。
风浸香雾过柴扉，
星洒碧溪在桃源。
窗外探菊纵醪酒，
篱前散卧听山泉。
狼毫饱蘸松涛曲，
月拥竹韵上诗笺。
幽谷嗔怨忘数载，
繁花瘦尽至江寒。
月隐星稀翘天际，
残词旧章赋诗篇。

故　乡　新　曲

张　岩

(一)

惊雷涌动四十春，
旭日曾经照古人。
哪有种田无税赋，
冰融大地有苗新。
松江岸瘦出皇米，
水库鱼肥舀进盆。
特色边台千媚秀，
家乡月下满塘银。

(二)

魂牵梦绕柳条边，
屈指回眸忆故园。
马尾茅屋村里坐，
牛车慢转路中闲。
三中全会如春雨，
细润甘霖万亩田。
楼宇轿车常见处，
韶光熠熠照窗前。

不负家乡情

高桂苓

春风田野农耕忙，
杨柳摇曳百花香。
美艳无比杜鹃红，
无华野菜也芬芳。
人杰地灵其塔木，
农民画展美名扬。
文人墨客远方至，
书画交流论短长。
我本乡间一女子，
为何奋发且图强。
民间艺术不能丢，
多有前辈做榜样。
二十四孝提精气，
恰似茯苓一药方。
真迹凸显民族魂，
规矩方圆厚德藏。
月宫仙子酿好酒，
华夏文明播四方。
三牌揭匾喜事连，
千年孝道不敢忘。
百年书画传家远，

风情雅韵民俗长。
数颗明珠落九台，
古镇瑰丽耀八方。
五洲盛装待宾客，
粗茶淡饭情谊长。
待到书画展品时，
一幅壮锦我家乡。
且喜相逢家中客，
甜蜜事业花蜂忙。
三期画展在眼前，
一步更比一步强。
羊鼻岭上画美意，
人生励志谱新章。

其 塔 木 吟

杨绍兴

（一）

解放战争一战场，
满目疮痍甚荒凉。
党派精英来领导，
松江两岸米粮仓。
自从改革和开放，
其塔木人紧跟党。
富裕之路宽又广，
高唱凯歌奔小康。

（二）

北山村的党支部，
访贫问苦到各户。
帮助村民来脱贫，
共同走向富裕路。
支部书记走在前，
为党工作真忙碌。
他与村民心连心，
农村基层好干部。

满江红·七一颂

邱学森

画舫游船，南湖渡，红旗高树。
遵马列，率工农兵，打拼起步。
历尽坎坷成大道，风风雨雨江山固。
抵外患，抗战整八年，功勋著。

三战役，平敌部，立大业，京城入。
万民齐欢庆，华夏新路。
四海翻腾云水怒，五洲震荡龙腾处。
九十八，圆梦奔复兴，诗词赋。

沁园春·其塔木

成汉波

其塔木镇，历史悠久，遐迩四面。
聚五市之焦，地理独特，北依名山，南临平原。
东傍松江，西靠水库，百年大集米粮川。
待明日，争百强乡镇，更加娇艳。

改革后四十载，其塔木干群齐声唤。
是党好领导，英明果断；大胆创新，简政放权。
群策群力，奋力拼搏，甩开膀子加油干。
中国梦，砥砺奋进，勇往直前。

卜算子·皇粮碑

沈鹏云

【题记】“皇粮碑”出土于九台区其塔木镇。石碑高约0.5米，宽约0.7米，汉白玉材质。碑头上刻着鳞状花纹，碑身有六个镂空的圆孔。二龙戏珠的图案依稀可见，珠子下方，“皇粮”二字赫然入目。

百载面沧桑，白玉双龙刻。
醒目“皇粮”大字清，史证农丰硕。

昔日柳条边，稻浪翻金色。
米贡当朝紫禁城，古镇名声赫。

摊破浣溪沙·民俗博物馆

沈鹏云

石臼陶坛皮马鞍，耲耙弯勾木犁辕。
每件稀珍皆故事，话从前。

乌木铜锅烟聚辣，靰鞡铁掌脚驱寒。
岁月悠长成记忆，梦魂牵。

附　　录

【其塔木之歌】

其塔木历史沿革

吉林省长春市九台区其塔木镇，地处吉林省中部平原第二松花江西岸。据考古调查，其塔木镇西八家子有处古城遗址，考古发现有石刀、石斧、石榔头、石磨、石盆、石槽、石罐等石器，可以推断，其塔木在辽金时期以前就有人类居住。

汉唐时期，松花江畔人迹罕至。东北地区先后出现扶余国、渤海国。扶余国在今农安县。渤海国都城在敖东城即今敦化。北宋、南宋时期，北方游牧民族的辽国、金国兴起。黄龙府（今农安县）为辽金两代军事重镇和政治经济中心。民族英雄岳飞所说的“直捣黄龙”！即指此地。

奇塔穆之名最早记载在明朝永乐年间。明成祖时，在东北设奴尔干都司管辖，共设 324 卫，24 个所。明永乐 6 年（1408 年）置奇塔穆（其塔木）卫，不久又置穆苏河（沐石河）卫，迹迷河（饮马河）卫。

明朝末年，努尔哈赤兴兵，遂开清朝之基业。及清世祖即位，入关统一中国时，对东北发祥地实行封禁政策。顺治十四年（1657 年）在永吉县乌拉街设置打牲乌拉总衙门，隶属清内务府统辖，立八旗，开辟贡山贡河。康熙四十五年（1706 年），由五十户丁卫，拣选后编为 5 屯，承种良地，故称五官屯。具体是尤家屯、张庄子（现属莽卡乡）、前其塔木屯，后其塔木屯（现其塔木镇），蜂蜜营屯（现胡家乡）。

康熙四十六年（1707 年）清朝放宽了封禁政策，最先闯关东的有严、杨、杜、成、张五大姓氏，奉旨迁徙到其塔木种官地。成氏祖籍山西洪洞县，来到松花江北的其塔木镇西北山前面，盖了第一座青砖瓦房，故称成家瓦房村。严姓集居在其塔木北大树林子北端，故取名为严家林子。杜姓落户在其塔木河北岸叫小河沿，后来杜姓在屯中开设油坊，又称杜家油坊村。杨姓集居其塔木北四里的山前叫北山，后来又有戴姓迁入，形成了两个以戴姓为名的前后戴家窝堡屯。张姓落户在其塔木西北的大山根下，取名张老大屯，后来简化了叫成张大屯至今。

康熙十八年（1673 年），吴三桂南下，遗留下来的官兵多数被派发至关外蜂蜜营当差，为皇家生产贡品蜂蜜。后来又有回族的流民迁入，落脚到红石、宝山、西山前槐等处，在其塔木镇西南部形成了回民居住区。

乾隆十九年（1754 年），乾隆巡视吉林时，对吉林地区的土地开发、人口迁徙进一步放宽了政策。由于关内鲁豫等地发生多次旱灾，闯关东难民潮水般涌向关东大地。有的单身独户，有的亲友多户，来到其塔木周围落户定居。人口的日益增多，需要新建村屯。于是，从关内来的难民们租种官地，在地头搭个马架子窝棚遮风避寒。人们管这种住处叫窝堡，什么姓住的窝堡，就叫什么窝堡。于是其塔木周边就形成了众多以姓氏命名的窝堡屯。其塔木南有刘家窝堡，再往南有闻家窝堡，奚家窝堡，李家窝堡，黄家窝堡。其塔木往东有赵家窝堡，高家窝堡。其塔木往北有戴家窝堡。以姓氏命名的屯子就更多了，如戢家村、王家窑、吴家岗子、于家、高家、段家、唐屯、冯家等。以地理自然状况命名的有大荒地、小荒地、霍家渡口、四棱山、北山、西双庙、腰双庙、东双庙、牛头山、三叉河、套子里、三家子、八家子、五间房、山前槐、柞树林子、毛家沟、羊鼻子岭等。

民国时期，其塔木隶属永吉县，为永吉县二区其塔木乡。

1947 年后，仍设其塔木乡。随后划为九台县管辖。1949 年设其塔木区，1956 年设其塔木乡，1958 年设其塔木人民公社，1983 年设其塔木乡，1984 年设其塔木镇至今。

（根据关云德相关资料整理）

皇粮碑的由来

2001年，其塔木中学（九台二中）在建教学楼挖地基时，挖出一个汉白玉碑头。此碑高90厘米，宽75厘米，厚度为25厘米。上面为浮雕的两条龙，中间有一个圆珠，俗称二龙戏珠，并刻有六个透眼。俗称六眼透龙碑。下面刻有“皇粮”二字。当时，罗关家族的关长春在工地干活，一看是父亲讲述过的贡粮碑。别人以为这是块普通碑，有的人要砸掉，说放到家不吉利，放到哪儿都不好。这时关长春说：“别砸，给我吧，我留着回家垫桥”。他没说家族和这块碑的历史，就这样晚上下班后他和大舅用拖拉机把碑运回，回来就告诉我父亲：“你看我给你拉回来一件什么”？这时我父亲关云德已经是这个家族的穆昆达。当他看到这块皇粮碑的时候，眼里充满了泪花。这是爷爷“文化大革命”时期冒死保留下来的，爷爷去世得早，还没来得及告诉皇粮碑的位置就走了。碑埋在哪没有人知道，没有想到现在看到它。这就是多年来梦寐以求要寻找的皇粮碑，但遗憾的是没有发现碑身。

皇粮碑的由来，需从五官屯说起。据《打牲乌拉地方志》记载：“康熙四十五年（1706年）在乌拉地区设置的五个官屯之粮庄，分别是：尤家屯（东、西）、张庄子、前其塔木（山前槐屯）、后其塔木、蜂蜜营屯（胡家乡）”。其主要任务是组织乌拉境内的满汉居民采集东珠、蜂蜜、鳇鱼、海东青、貂、松子、人参、小米、大米等关东地方土特产作为贡品，为朝廷各庙、陵寝的四时大祭以及皇帝和内宫皇族们进奉纳贡。五官屯的地叫官地，都是打牲乌拉在册的土地，并且地块都编上地号。至今腰哈什玛屯周边还在用地号称呼地名，十三号、十六号、二十二号地等。其中一个官屯是专为乌拉生产加工蜂蜜的，四个官屯共有官地 1 050 垧。五官屯的最高管理者称为庄头，管理庄丁进行生产，适时耕种，夏锄秋收，按时交贡。五官屯每屯设庄丁 14 名，每个庄丁给 15 垧地。由于人少地多，朝廷又规定打牲乌拉每年派 300 人来五官屯种地。庄头称为千爷，管理文书叫领催，满语称拨什库。光绪六年（1880 年），任乌拉总管的云升决定委派关双城负责设立皇粮碑事宜。

关双城和家族的穆昆达商议决定，把皇粮碑设立在其塔木街中心的关帝庙前。《永吉县志·卷 17 与地志七》记载：关帝庙建于乾隆二十年，同治四年重新修缮。关帝庙正殿三楹、娘娘殿一楹、钟楼一座、东西配庑各三楹。吉林三杰之一成多禄曾为关帝庙撰书一联匾，额为“福佑梓桑”。联曰：“愿吾（宗）子子孙孙，春社秋尝，入庙勿忘先业选；祝我里年年岁岁，云旗风马，有灵常保此邦宁。”中华人民共和国成立后其塔木兴建学校时，关帝庙成为九台二中的校址。这是后话。

立碑的日子，关双城和家族穆昆达研究了一下，就订在农历八月二十六。此日是满族的绝粮日，习俗来自清太祖皇帝参加的一场战争，战争打得非常艰苦，以至于军队的粮食都断绝了，清太祖和军士们只得以树皮充饥。此后每年的这一天满族人都穿戴简朴，用以警示人们不可忘记先祖创业的艰难，要更加珍惜粮食。

就这样，在光绪六年（1880 年）农历八月二十六，把此碑立在其塔木关帝庙前。此碑有碑头、碑身、碑座，碑头用汉白玉刻着二龙戏珠并刻有皇粮二字，碑身刻有铭文，详细介绍五官屯在乌拉的重要性及仓管不许营私舞弊等。碑座均为汉白玉制。立碑之日，五官屯百姓齐聚关帝庙前，烧香祭拜，感谢朝廷能把这么重要的职责放到其塔木，祈祷其保佑其塔木平安、保佑其塔木的百姓丰收。自此碑树立之日起，多年来五官屯附近风调雨顺，没有大的灾难。

（根据关长宝的文稿节选）

受到毛主席称赞的其塔木战斗

其塔木战斗是一次经典的围点打援作战，在东北解放战争战史上具有重要的地位，并得到军委主席毛泽东的称赞。

1947 年 1 月 2 日。东北我军北满部队集中 12 个师的兵力，出敌不意，跨越冰封的松花江，开始“一下江南”作战。第一个作战目标就是攻歼其塔木的国民党守军及其增援部队。

其塔木位于九台县东部，与九台县城、吉林市、德惠县城均相距 50 千米左右。当时，驻防其塔木镇的是蒋介石嫡系部队新 1 军 38 师 113 团 1 营，该营是一个加强营，700 多人，全部美械装备。驻防九台的是新 1 军 38 师 113 团；驻防德惠的是新 1 军 50 师 150 团；驻防吉林市的是国民党 60 军，非蒋介石嫡系部队。其塔木镇方圆一里多地，镇里有东西、南北走向两条大街。当时镇中央十字街道上矗立着碉堡，镇四周挖出二米多深、三米多宽的壕沟环绕全镇。壕沟陡坡洒上水，使其表面结成厚厚的冰层，不但人无法攀登，子弹打上去都会滑走。壕沟上每隔二三百米修筑一座碉堡，全镇共有碉堡 120 多座，碉堡周围拉上铁丝网，并埋有地雷。

我军其塔木作战的打法是：围点打援，攻其必救，引诱敌人增援，在途中消灭增援之敌，然后再消灭其塔木的敌人。作战部署是：由 1 纵 3 师实施其塔木攻坚作战；1 纵 1 师伏击九台增援之敌，这个师是 1 纵的主力，其中 1、2 团是老红军部队；1 纵 2 师打吉林市方向的援兵；6 纵 16 师伏击从德惠增援其塔木的敌人。

1947 年 1 月 6 日 17 时，我军 1 纵 3 师向其塔木发起进攻。经过两小时激战，摧毁敌碉堡两座，攻占村边一个大院。敌人连续组织五次反扑，均被我军击退。我军也有较大伤亡，一个连只剩下 30 多名战士。于是，纵队命令 3 师调整部属。21 时，我军炸开敌三道铁丝网，攻克三座地堡，占领两座房屋。敌军发起反击，我军再度将其击退。并在天亮前又攻下两座房屋和 4 座地堡。虽然消灭了 100 多敌人，但我军只攻占了镇西北角，部队伤亡较大，8 团参谋长杜绍堂不幸中弹牺牲。8 团进展缓慢，纵队命令 7 团投入战斗。7 团从西北向镇内突击，战士们砍断铁丝网，攻占前沿地堡，消灭敌军一个排。我军为实现“围点打援”的作战意图，连续地攻击守敌。7 日，战斗持续一夜。8 日上午，残敌被压缩在镇内几个大院内。敌人得知我军在张麻子沟全歼九台援军，德惠援军中途受阻，待援无望后，于 19 时伪装成我军人员分散突围，有 100 多敌人从东南方向逃走。9 日 1 时，我军发起最后攻击，残敌被全部消灭，战斗胜利结束。此战我军共毙伤敌军 456 人、俘敌 102 人，缴获了大批军用物资。

在 1 纵 3 师将其塔木守敌包围之时，我 1 纵 1 师已到达其塔木以西张麻子沟、卡路河子、双顶山一带，部署袋形阵地设伏。驻九台之敌得知其塔木被围后，敌 113 团 2、3 营官兵乘坐装甲车、汽车，沿公路驰援其塔木。7 日 12 时，敌先头部队到达张麻子沟，其后尾也进我军“口袋”了。担任主攻的 1 纵 1、2 团的轻重武器一齐开火，打得敌人蒙头转向。这时冲锋号响了，我军发起冲锋，敌人一面仓皇退缩，一面拼命抵抗。1 师各团不容敌人喘息，勇猛冲杀。2

团从张麻子沟东北向敌人阵地发起攻击。1团3营在张麻沟东南向西北攻击。1团主力由山顶向西北攻击，3团由段家屯直插卢家屯，切断敌人退路后以主力向东攻击，形成四面包围。经过三个多小时的激烈战斗，7日15时战斗胜利结束。敌38师113团两个营被全部歼灭。共毙敌团长以下240名，俘敌868名，缴获轻重武器600多件，汽车12辆，取得了张麻子沟伏击战的胜利。

担负伏击德惠增援之敌的6纵16师，于7日13时发现德惠援军已占领了焦家岭、滴水湖一带。6纵命令16师配属合江炮兵团和炮兵团1大队，将敌军包围。17师进至烧锅街、高家窝棚一带，18师进至上河湾一带。敌我双方刚一接触，滴水湖就被我军占领，形成全面包围之势。7日晚，16师三个团在炮火掩护下，对焦家岭老焦家、老王家、老史家大院发起攻击。敌人收缩阵地固守，等待援军解围。8日，敌军与我军展开了反复争夺，战斗异常激烈。9日上午，46团、52团攻下老王家大院、老史家大院，然后向焦家岭进攻。13时，夺取了焦家岭。这时德惠的援军已进至烧锅街，激战五个小时，敌援军被击退。是日，老王家大院和老史家大院的残敌向西北方向突围，被我军全部歼灭。在焦家岭战斗中，俘敌团长以下845人，毙伤666人，取得了全面的胜利。

这次以其塔木为中心的围点打援战果上报后，中央军委毛泽东主席很高兴并给予了很高的评价，当月11日致电林、高、彭："最近北满、东满开始打胜仗甚慰。包围其塔木一点，引九台吉林德惠三处之敌无计划的增援，均被我歼灭和击溃。这一经验指出，围城打援是歼灭敌人的重要方法之一。"

（根据其塔木烈士陵园碑文等材料整理）

后记：历史是开拓者的足迹

事业在人，历史是开拓者的足迹。

70年风雨兼程，70年砥砺奋进，我们祖国经历了从站起来，富起来，到强起来的发展过程。

70年春风化雨，70年乾坤再造，其塔木镇人民实现了从一穷二白到进入小康的历史性跨越。

最浓不过故乡情，人皆此心，情同此理。我是一个退休人员，每年都回到家乡其塔木探亲小住一段时间。目睹家乡日新月异的巨大变化，尤其是广袤田野上大型农业机械的阵阵轰鸣，脸上皱纹纵横的老农民的幸福笑脸，镇村领导干部的忙碌身影……使我印象深刻，令我感动和振奋。

在其塔木镇党委、政府组织的纪念改革开放40周年和庆祝建国70周年活动中，乡镇干部、农民和学校师生撰写了大量的纪实性文章和诗词，用朴实的情感，通俗的语言，歌颂党的领导和改革开放政策，展现了其塔木镇经济发展和人民生活水平提高的历史过程。感慨于家乡的巨大变化，我们从干部群众的文稿中遴选80多篇，编撰成书。内容区分为“发展成果篇”“人物风采篇”“百姓心声篇”“诗词集萃篇”四个部分，以期从不同侧面展现其塔木镇乡村振兴发展的历史足迹。

这本书的文稿整理编写工作，得到了其塔木镇干部、群众和社会各界的大力支持。其塔木镇张玉民镇长应邀为本书撰写了序言，前任镇党委巩志强书记对此项工作给予了热情支持，九台区文联韩志军社长等人协助对文稿进行了润色，分管镇文化工作的韩颖副书记对文稿遴选进行了协调，镇政府办公室范星彤同志做了大量的文字资料工作，摄影爱好者红旗村的蔡正环同志及镇政府况伟峰同志为本书提供了图片资料。在此一并表示诚挚的谢意。

中国农业出版社的领导和编辑边疆先生，对这本反映东北农村乡镇振兴发展的书籍高度重视。边疆先生严格审稿把关，高水平地编排设计、装帧包装，为本书的出版发行创造了良好条件。在此表示由衷的感谢。

我的老领导、京城书法家王育华老将军，对本书编修给予关心和鼓励，并亲笔题写了书名。向老首长致敬，祝老首长身体康泰，地久天长。

由于编者能力和篇幅所限，这本书不足以充分反映其塔木人民在改革开放中奋发进取、波澜壮阔的全貌，还有一些重要的成就和工作无法一一展示。书中粗瑕之处在所难免，敬请读者诸君海涵。

闫兆麟

2019年7月于北京